广西高校人文社会科学重点研究基地
"区域社会治理创新研究中心"资助出版

边际效应递减下民族地区
持续减贫的内源发展研究

黎昌珍　著

人民出版社

责任编辑:陈寒节

装帧设计:朱晓东

图书在版编目(CIP)数据

边际效应递减下民族地区持续减贫的内源发展研究/黎昌珍著.——
  北京:人民出版社,2021.5

ISBN 978-7-01-023176-1

Ⅰ.①边… Ⅱ.①黎… Ⅲ.①民族地区-扶贫-研究-中国

Ⅳ.①F127.8

中国版本图书馆 CIP 数据核字(2021)第 029728 号

边际效应递减下民族地区持续减贫的内源发展研究

BIANJI XIAOYING DIJIANXIA MINZU DIQU CHIXU JIANPIN DE NEIYUAN FAZHAN YANJIU

黎昌珍 著

人民出版社 出版发行

(100706 北京市东城区隆福寺街 99 号)

北京盛通印刷股份有限公司印刷 新华书店经销

2021 年 5 月第 1 版 2021 年 5 月北京第 1 次印刷

开本:710 毫米×1000 毫米 1/16 印张:13.5

字数:219 千字

ISBN 978-7-01-023176-1 定价:42.00 元

邮购地址:100706 北京市东城区隆福寺街 99 号

人民东方图书销售中心 电话:(010)65250042 65289539

目　　录

序　言

　　1975 年联合国大会，瑞典首次提出了"内生式发展"这一概念，报告认为："如果发展作为个人解放和人类的全面发展来理解，那么事实上这个发展只能从一个社会的内部来推动。"这一概念包括五个要点，除了上述"发展只能从一个社会的内部来推动"，还包括以下四个方面：第一是消除绝对贫困，第二是自力更生，第三是保护生态，第四是伴随着社会经济结构的变化。

　　20 世纪 80 年代初，联合国教科文组织研究了"针对促进适应各国社会实际和需要的内涵发展和多样化发展过程的社会文化条件、价值体系以及居民参与的动机"，强调内源发展，简单地说就是指自身内部的发展。联合国教科文组织的研究认为："所谓的内源发展，就是既要实现发展，又不异化更不可破坏或歪曲各国的文化特征。"国内的学者也提出"发展只有在社会内源发展潜力被广泛有效动员起来时才有现实可行性"。种种观点从不同角度对内源发展进行了理解。

　　对不同的区域或人来说，影响其发展的因素有很多，其中包括内源方面的因素也包括外源方面的因素。比如内源因素：

　　1. 文化因素

　　内源发展以人为中心，是提高人类和文化价值的事业，它首先是一种发展哲学。实现内源发展的动力实际上存在于文化之中，在文化与内源发展之间存在着一种对应性。

　　2. 技术与技能

在区域或人的发展中，定要将自身技术与技能的进步作为追求的目标，才能实现为区域或人的发展提供源源不断的内源发展的动力。

3. 区域自身的资本积累

资本积累是扩大再生产的前提条件。包括物质资本和知识资本的积累。前者用于维持正常生产与经营，不产生溢出效应；后者则用于资本创造部门自身的生产，可以产生溢出效应。资本历史资本积累水平越高的地区，其资本创造成本越低，由于知识资本积累的外部性，新资本的创造成本会不断降低，动力较强，该地区的产业份额就会提高，从而又会通过增大地区资本存量降低资本创造成本，形成良性循环。可见，资本积累富足的区域，后期发展的势头比其他资本积累没那么富足的区域占据得天独厚的优势。

4. 人自身的主观能动性

人的主观能动性是在环境和教育影响下形成的，并且随着个人的自我意识的提高和社会经验的丰富而有所增强，并主要服务于人的自身发展。根据每个人的主观能动性不同，其表现出的对同一外部环境的应对方式也会不同。比如，在我国精准扶贫过程中，主要采取的工作策略是以政府为主导的驻村帮扶工作机制加量化考核工作的方式，这种扶贫方式主要是单向扶贫，一般以政府投入为主、政府自上而下的形式开展，很容易导致贫困村和贫困人员对外部力量形成依赖。外源式扶持的背景下，思考如何培养贫困户自身内源动力机制，与此同时提升自身脱贫的能力与素质，从本质上来讲就是提升贫困群众脱贫的主观能动性，从而实现真正的扶贫脱贫的目标。

5. 人的身体素质

一个人体质的强弱外化为人的身体素质，是影响人的发展的重要外源因素。从工作上看身体健康对人的发展的重要性。工作的人会有自己的工作任务，随着公司和业务的发展，有时工作任务甚至还会相当繁重。此时若没有一个健康的身体，就不可能完成工作任务；此时若是身体健康，则思维更活跃，办事的迅速和效率就越高，进而为自己争取更多的上升机会，从而提高人在工作中的成就感。

外源因素则包括社会环境、原生家庭环境、人际关系等等。

外源式发展，强调外部要素对经济发展的拉动和推动，而内源式发展则主张通过内部动力驱动经济的发展。随着我国精准扶贫进入攻坚克难深水区，亟须探索出一套可持续的扶贫发展模式，实施可持续发展的前提在于对扶贫现状的认知。对于贫困地区和贫困人口而言，内部发展动力不足，是致贫和返贫的根本原因。因而需要激发其内在发展动力和活力，通过内源式发展，实现脱贫减贫。然而，在一定历史时期，对于贫困地区和贫困人口而言，由于缺乏基础性和必要性的经济发展要素条件和活力，通过多种途径和方式给予物质性的帮助，助推其在短时间内实现外源式发展，是必不可少的。扶贫工作经历了从传统的救济式扶贫、开发式扶贫到参与式扶贫的过程。新时期的扶贫工作，必然是在消除绝对贫困的基础上，注重重建和提升贫困人口的生存和发展能力，激发贫困地区和贫困人口内生动力，倡导以自力更生为主，外部力量帮扶为辅的内源式扶贫，即内源主导，外源推动下的内外协同发展的脱贫减贫道路，坚持激励机制下外源推动，坚持可持续脱贫能力提升下的内源式发展。

第一章 外源发展与内源发展概述

第一节 外源发展

一、外源发展的概念

发展已经成为当代的热点问题和各国优先关注的事项，只有通过发展，社会才能确保实现物质和精神方面的满足，才能促进每个人发挥创造潜力。[①] 虽然发展已成为当代人类各项活动的主要课题，但还不能上升为世界各国追求的最高利益这样的高度。助推发展成为世界性概念的事件是18 世纪在西方进行的有关"人类进步"的论战中现代派战胜了古典派，至此之后，才产生了资本主义和当前的发展主义思想。的确，发展在一定程度上减轻了大众的贫困程度，使得人民的物质生活水平得到了一定程度的提高。但是，事情的发展总是有两面性。追求发展的过程中，不能因过度追求经济发展而忽略其在社会、文化和人文等方面造成的严重后果。因此，我们需要从分析人类的整体愿望和整体需要出发，以更加深入批判和更为开放的观点重新探讨社会发展之路与发展的意义。现今，发展主要被划分为外源发展和内源发展。

目前，国内外学术界并未对"外源发展"下一个专门的定义，而是将外源发展的定义具化为外源发展的形式、动力、具体实现路径等方面，

---

① 黄高智等:《内源发展——质量方面和战略因素》，中国对外翻译出版社 1991 年版，第 1 页。

结合具体事物的发展来阐述"外源发展"，更确切地说是阐释外源发展的动力。例如在研究区域经济发展时将区域经济发展模式分为外源型经济发展模式和内源型经济发展。有的学者将外源型经济发展模式定义为在推动本区域工业化和现代化进程中，主要是利用国外的资金、技术等生产要素，发展外向型经济的发展模式。从不同研究对象出发，对外源发展的定义也不同。例如，从研究教师的外源发展和内源发展角度出发，周建平将教师的外源发展定义为教师专业发展的动力主要来源于外部的干预和调节，是一种外源性的、被动式的发展模式。主要是指依靠外部力量的发动与推进，即"要我发展"，是"从外部关注维度，国家、社会、学校、家庭、学生等方面关注的教师专业发展"[①]。

二、外源发展的内容

1. 国家（地区）发展的外源因素

第一，国家（地区）国际地位。国际地位是指一个国家在国际体系中所处的位置和该国在与其他国际行为主体相互联系、相互作用而形成的国际力量对比结构中的状态。[②] 一般说来，一国的国际地位越高，表现为其综合国力越强，其在国际事务上的话语权越大，在该国家发展进程中占据的优势条件就越多，越有利于该国的发展。"一个国家国际地位高，才会被国际社会所重视，才能更好地维护国家利益和世界和平，为全人类作出更大贡献。"[③] 故而，每一个国家在发展进程中，除了寻求内部发展之外，不可避免地会对外寻求更高的国际地位。当然，一个国家国际地位的提升并不是一蹴而就的，一般是以一些重大的发展事件为载体。例如，新中国建立初期抗美援朝战争胜利，就是我国国际地位提升的显著标志性事件。中国向世界展现了中华儿女不畏强权、勇敢坚强、保家卫国的民族精

---

① 周建平：《教师领导内涵、角色及其实施策略》，《中国教育学刊》2009 年，第 7 页。
② 司建飞：《浅析 1949 年—1978 年中国的国际地位》，《黑龙江史志》2014 年第 1 期。
③ 仲计水：《新中国成立 70 年国际地位提升的历程、经验及展望》，《北京联合大学学报》（人文社会科学版）2019 年第 17 卷第 3 期总 65 期。

神和气节。通过这一战争，彻底改变了世界对中国弱小可欺的先入为主的刻板印象，新中国和站起来的中国人民赢得了世界的广泛尊重，新中国的国际地位显著提高。

第二，国家（地区）国际关系。国际关系是国际行为主体之间，即主权国家（地区）之间关系的总称，其主要包括政治关系、经济关系、军事关系、文化关系和宗教关系等。其中处于最重要和最活跃位置的是国际政治关系。随着全球化的深入发展，地球逐渐发展成为"地球村"，形成你中有我，我中有你的关系。与此同时，各国间的竞争也日益激烈，争端和摩擦并存。良好的国际关系是影响各国发展的重要外部因素，为各国发展助力。例如我国的"一带一路"政策，就是我国处理好国际关系的重要举措。在"一带一路"沿线国家，可以形成互利合作，形成公平统一的市场竞争环境，促进我国与沿线国家各种资源的自由流动，不断扩大经济发展规模和总量，造福"一带一路"沿线国家，同时达到自身发展的目的。

2. 区域经济发展的外源因素

第一，区域外商合作程度。在经济全球化的今天，利用与外商合作的机会促进区域经济发展已经成为区域发展的重要手段。事实证明，与外商的合作程度密切影响着区域的经济发展。陈继勇，盛杨怿（2008）利用中国 1992—2006 年的区域面板数据研究了 R&D 和外商在华直接投资的知识溢出对区域经济增长的影响，得出外国 R&D 资本在经过外商直接投资渠道传递后，同当地经济科技发展水平产生了密切关系。[1] 外商直接投资对经济发展的促进作用是显而易见的，但同时，外商直接投资在我国区域分布的差异，也是导致我国区域经济发展不平衡的重要因素之一，这是个值得持续关注和研究的主题。

第二，区域市场化程度与开放程度。市场化程度的高低直接决定着市场经济的资源配置水平和经济活动的交易成本。外部资源的流入主要取决

---

[1]　陈继勇、盛杨怿：《外商直接投资的知识溢出与中国区域经济增长》，《经济研究》2008年第12期。

于几个方面。第一方面是一个地区的市场经济制度是否完善；第二方面是经济运行是否遵循市场规律；第三方面是地区经济是否能够公平、有序、高效地运行。同样，不同区域对外开放程度的差异可以反映出不同地区在发展外向型经济时经济主体对于外部资源的接受程度和利用能力，对外开放程度较高的地区一般拥有与国际接轨的经济管理水平。由此，一个地区的市场化程度和对外开放程度的高低也就决定了外源性经济发展的水平。在发展过程中，由于各区域特殊的政策环境和经济制度导致了区域市场化和开放程度的极大差异，由此也就导致了外源性经济发展能力的差异。

3. 人发展的外源因素

第一，社会环境。个人从来就不是一座孤岛，而是与身边的一切紧密相连。物理中常说力与力之间的作用是相互的，在人的发展过程中，此理论同样适用。一方面来说，个人的发展受他人的言行、思想等的影响；另一方面来说，个人的言行、思想也会对他人的发展产生影响。当然，除了身边人和事物对人的发展有影响外，社会意识形态也是影响人的发展的一个重要外源因素。社会意识的主要载体是语言文字，其中保存形式则是通俗意义上的科学、哲学、道德、艺术、宗教、风俗等。这些社会意识对个人意识起着直接或间接的影响，并且成为个人心理发展的重要源泉。总而言之，社会环境是影响人发展的一个重要外源因素。

第二，原生家庭环境。原生家庭是一个社会学概念，一个人的性格形成与原生家庭环境息息相关，甚至直接影响人的发展。原生家庭环境作为人发展的重要外源因素，其对个人的发展产生影响主要由三方面构成。首先是家庭所在地的影响。研究发现，来自农村家庭的个人与城市家庭个人相比，自尊水平较低，缺乏明确的生活目标，自我接纳的程度较低。城市家庭十分注重子女的发展，强调子女高尚品格的养成。农村家庭占有的社会资源较少，教育观念比较滞后，过于注重物质需求而忽视了精神文化需求，教育投入较少，导致农村家庭出身的人与城市家庭出生的孩子存在一定差距。其次是父母受教育程度的影响。一般情况下，父母受教育程度越高，越重视对子女的教育投入，其子女的生活目标越清晰，自尊水平越高，具有较高的心理幸福感水平，反之亦反。最后是父母社会经济地位的影响。一般情况下，子女的父母经济地位较高对于子女形成更加积极心理机能有着重要作用。父母经济地位较低的个人，其积极心理机能发展较慢，自尊水平较低，心理困扰较多，经常产生抑郁、人际关系敏感、恐惧症等心理问题。

第三，人际关系。公共关系学相关理论告诉我们，良好的人际关系是自己成功道路上起重要作用有时候甚至起决定作用的力量。一个成功的人，必定拥有自己广阔的人脉圈子，这个圈子里的人来自各个领域，拥有各自的特长，每个人有每个人不同的性格特点。俗语说"在家靠父母，出门靠朋友"在今天仍有着其深刻意义。甚至有时候关键的朋友能成为影响自己成功的决定性力量。著名管理学大师戴尔·卡耐基在《成功之路》一书中提出：个人成功等于5%的专业技能加上85%的人际关系和处世技巧。最重要的是，作为促进人发展的重要外源动力，良好的人际关系能够让人在保持舒畅的同时致力于自身发展，成为促进人积极向上发展的重要助推力。

第四，受教育程度。其实在学术界存在到底将教育划分为影响人的发展的内源因素还是外源因素的争论，鉴于教育是通过外力作用于人的过程这一特性，本书将教育划分为影响人的发展的外源因素的范畴之中。在古代教育的目的是形成一个人的性格、才能、技巧和道德品质，而现如今教育扮演着一个更为丰富的角色，教育不仅让我们学到包罗万象的知识从而养成良好的品行，而且教给我们生存的技能。在学界，作为目前公认的最能影响个人发展的内在因素之一的就是个人的受教育程度。当然，受教育程度不仅仅是指学历，还包括个人从社会上、生活中汲取的各种知识，都可纳入个人的受教育范围之内，但那些一般都很难衡量。而衡量一个人受教育程度的高低，学历便是一把好尺子，真实做到客观可感可度量。根据现有研究，人的受教育程度影响到一个人发展的方方面面。受教育程度影响个人收入水平、消费观念、工作满意度、时间分配、子女的教育等方面，可谓贯彻人发展的一生。一般说来，受教育程度越高，其收入水平越高、消费观念也越开放、更加注重工作生活的劳逸结合、更加注重子女教育，甚至自己的养老方式也不再局限于传统的养老方式，而是更加与时俱进。

第二节　内源发展

一、内源发展的概念

1975 年联合国总会上，瑞典首次正式提出了"内生式发展"这一概念，报告认为："如果发展作为个人解放和人类的全面发展来理解，那么事实上这个发展只能从一个社会的内部来推动。"① 这一概念包括五个要点，除了上述"发展只能从社会内部来推动"，还包括以下四个方面：第一是消除绝对贫困（Need oriented），第二是自力更生（Self reliant），第三是保护生态（Ecologically sound），第四是必须伴随着社会经济结构的变化（Based on structural transformation）。

20 世纪 80 年代初，联合国教科文组织研究"针对促进适应各国社会实际和需要的内源发展和多样化发展过程的社会文化条件、价值体系以及居民参加的动机"，此处就是强调内源发展，简单地说就是指自身内部的发展。联合国教科文组织认为："所谓内源发展，就是既要实现发展，又不异化更不可破坏或歪曲各国的文化特征。"② 北京大学教授罗荣渠提出"发展只有在社会内源发展潜力被广泛有效地动员起来时才有现实可行性"③，上述观点可谓是真知灼见。从不同发展主体的角度出发，对于内源发展的理解亦有所不同。例如，对于国家来说，黄志高认为国家的内源

① Nerfin, *M. Another Development*: *Approaches and Strategies*. Uppsala: Dag Hammarskjold Foundation, 1977。

② 联合国教科文组织：《参与式行政内源发展》，中国对外翻译出版公司 1990 年版，第 93 页。

③ 罗荣渠：《现代化新论》，北京大学出版社 1993 年版，第 124 页。

发展是指各国独特的相合行动方式中吸取本国的力量、能量、创造力的同时，还要求与外国进行有选择和有控制的开放交流，以便充实自己，并为人类的共同文明做出贡献。①

二、内源发展的内容

对于不同事物来说，影响其发展的因素有许多，其中包括内源方面的因素也包括外源方面的因素。以下从国家（地区）发展、区域经济发展和人的发展等三方面来具体阐述影响事物发展的内源因素。

1. 国家（地区）发展的内源因素

第一，国家（地区）民族文化。内源发展以人为中心，是提高人类和文化价值的事业，它首先是一种发展哲学。② 实现内源发展的动力实际上存在于文化之中，在文化与内源发展之间存在着一种对应性：文化是内源发展的摇篮。毫无疑问，文化对于各个社会和各国人民的发展事业有着其特殊的贡献。在发展中国家谋求发展的过程中，尽管国家中有少数人表示接受西方式的发展道路，但事实证明那并不是唯一的发展道路。突破固有发展道路的最重要一条"捷径"就是要保持民族文化的多样性。只有重视发展政策和发展项目的文化特性，并把民族文化从其自身发展的旁观者变成参与者，才能实现民族文化发展的内源化，从而为国家发展奠定坚定的思想基础。

第二，国家（地区）科学技术。科学技术是第一生产力，在一国（地区）的发展中，一定要将自身科学技术的进步作为追求的目标，才能实现为一国（地区）的发展提供源源不断的内源发展的动力。科学技术作为一国（地区）内源发展的主要动力，其作用主要表现在四方面。首先是促进经济发展。科学技术是第一生产力，其对经济发展的推动作用远远要大于资金和劳动力对经济的变革作用。其次是提高军事战斗力。当今

---

① 黄高智：《文化特性与发展：范围与意义》，教科文组织 1984 年版，第 22—23 页。
② 黄高智：《文化特性与发展：范围与意义》，教科文组织 1984 年版，第 43 页。

世界，和平与发展是时代的主题。然而不可忽视的"冷战"思维依然存在，霸权主义和强权政治也经常抬头，成为威胁世界和平与稳定的主要根源，故而现代国家共同选择了科技强国这条发展之路。再次是提升政治影响力。现代科学技术水平已成为国际政治斗争中的一个筹码和大国地位的象征。邓小平曾指出："如果六十年代以来中国没有原子弹、氢弹，没有发射卫星，中国就不可能成为较有重要影响的大国，就没有现在这样的国际地位。"最后是促进国家（地区）乃至世界社会的进步。

第三，国家（地区）内部社会稳定性。历史证明：稳定才有国家的长治久安。一个国家（地区）的内部社会稳定是既重大的社会问题，也是重大的政治问题，不仅关系到人民群众的安居乐业，也关系到国家和社会的安定与发展，是推动国家（地区）发展的重要内部因素。党的十八大以来，以习近平同志为核心的党中央高度重视社会稳定工作，从战略全局高度，谋长远之策，行固本之举，建久安之势，成长治之业，强调一切工作，都要紧紧围绕社会稳定和长治久安来谋划、来推进。一个国家（地区）只有内部社会稳定了，才能集中力量发展生产，创新技术，最终实现经济的腾飞。

2. 区域经济发展的内源因素

第一，区域自身的资本积累。资本积累是扩大再生产的前提条件。资本积累又分为两个部分：第一部分用于资本创造部门自身的生产（如专利的创造），称为知识资本的积累，知识资本的积累可以产生溢出效应；另一部分用于维持正常生产以经营，即物质资本生产，这种资本积累不产生溢出效应，称为物质资本积累。历史资本积累水平越高的地区，其资本创造成本就越低，资本创造的由于知识资本积累的外部性，新资本的创造成本会不断降低，动力较强，该地区的产业份额就会提高，从而又会通过增大地区资本存量降低资本创造成本，形成良性循环。可见，资本积累富足的区域，后期发展的势头比其他资本积累没那么富足的区域占据得天独厚的优势。

第二，区域交通网络布局。交通网络（Traffic Network）各种运输网、邮电网构成的整体交通网,亦称运输网路。交通网络系统由四类构成:第一类是设施网络,第二类是径路网络,第三类是组织网络,第四类是需求网络。交通网络布局是一个地区发展的命脉,在地区发展中起着纽带作用,故而有"要致富,先修路"的说法。例如,根据河南日报报道,2018 年,河南在农村公路建设方面给予巨大财政支持,累计投资 112 亿元,其中对贫困地区农村公路建设投资达 75.3 亿元,占总投资的67.2%。① 当地通过大力推进农村道路建设,努力消除贫困地区的交通运输瓶颈,把农村地区的环境优势、资源优势进一步转化为经济优势、发展优势,为农村特别是贫困地区带去了人气、财气。逐渐形成三路合一的"特色致富路",即资源路、旅游路、产业路等,让乡村"走得出去""引得进来",形成了便捷特色的"出"与"进"的双向道,为河南乡村振兴打下坚实的基础。运输成本是投资者与被投资者都重视的问题,良好的交通网络布局可大大降低运输成本,商品和服务能更快更好地实现自由流转,更利于形成较大的市场规模。较大的市场规模又有利于吸引投资资源,因为较大的市场规模可以通过规模经济,也即产业集聚效应发挥作用。

第三,区域自身的资源。区域自身的资源主要分为自然资源和社会资源两大类,本书从狭义上来介绍区域自身的资源,即区域自身的自然资源。自然资源一般是指一切物质资源和自然产生过程,区域自身的自然资源通常是指在一定技术经济环境条件下对区域经济发展有益的自然资源。一般来说,区域的自然资源分为再生资源和非再生资源。利用自身富饶的自然资源实现区域经济飞速发展的城市不在少数,合理且高效地利用区域自身的自然资源,一方面可以提高区域自身资源的再生能力,另一方面也可以通过不断总结经验提高资源继续利用的能力,最终达到环境效益和社会经济效益的统一。例如我国东北老工业基地早年的发展都是依靠其富饶的自身资源,奠定其在全国领域内经济大省的地位,这是典型的内源型发

① 数据转引自宋敏:《2018 年河南农村公路新改建任务超额完成》,《河南日报》2019 年 1月 11 日。

展，更确切地说是资源带动型的内源型发展。

3. 人发展的内源因素

第一，人自身的主观能动性。人具有主观能动性，这是人类与动物的主要区别之一。从主观能动性的形成机理来看，其是在环境和教育影响下形成的，并且会随着个人的自我意识的提高和社会经验的丰富而有所增强，并且主要服务于人的自身发展。从主观能动性的表现方式来看，它主要呈现为对事物的态度是反对还是赞成，是积极应对还是消极回避等。根据每个人的主观能动性不同，其表现出的对同一外部环境的应对方式也会不同。举例来说，在我国精准扶贫过程中，主要采取的工作策略是以政府为主导的驻村帮扶工作机制加量化考核工作的方式，而这种扶贫方式主要为单向扶贫，一般都是以政府投入为主、政府自上而下的形式开展，很容易使得贫困村和贫困人员对于外部力量形成依赖。外源式扶持的背景下，思索如何培养贫困户自身内源动力机制，与此同时提升其自身脱贫的能力与素质，从本质上来讲就是提升贫困群众脱贫的主观能动性，从而实现真正的扶贫脱贫的目标。

第二，人的遗传物质，通俗来说即人的"天赋"。对"天赋"的一般理解是：自然赋予，生来就具备，天资等。[①]"天赋"对人的发展的重要性不言而喻，且在一定程度上决定了人的发展方向甚至发展的广度和深度。这种"天赋"生理上的和思想上的。从生理方面来说，天生的失聪者不可能成为家喻户晓的音乐家，天生的盲人也不可能成为举世闻名的画家，"大脑上的生理缺陷必然要决定人相应的发展"。[②] 这种例子可能相对来说比较极端，但却很好地说明了"天生的条件"对人的发展的重要性，而这种"天生的条件"往往是不可逆的。从思想方面来说，用"天赋"来解释那些就算不付出太多努力也可以轻松超越那些加倍努力的人的例子就显得合情合理且毫无争论。此种情况下，人所具有的"天赋"就具化

---

① 程龙：《卓越教师培养的路径——基于教师天赋的视角》，《教师教育学报》2018年第5卷第5期。

② 刘次林：《试析影响人的发展的内因和外因》，《上海教育科研》1997年第5期。

成其发展过程中突出的理解能力，外化成其办事过程中迅速的执行力和执行效率。

第三，人的身体素质。一个人体质的强弱外化为人的身体素质，是影响人的发展的重要外源因素。一定程度上，个人身体素质由遗传因素决定，但其也与后天的营养和体育锻炼密切相关。身体素质对于人的发展的重要作用毋庸置疑。毫不夸张地说，一个人拥有好的身体是做事情的基础。毛泽东主席曾说"身体是革命的本钱"。首先，从工作上看身体健康对人的发展的重要性。工作的人会有自己的工作任务，随着公司和业务的发展，有时工作任务甚至还会相当繁重。此时若是没有一个健康的身体，就不可能完成工作任务，甚至还有可能会被繁重的工作任务压垮。此时若是身体健康，则思维更活跃，思维更活跃才能带来办事的迅速和高效，办事的迅速和高效才能为自己争取更多的上升机会，从而提高人在工作中的成就。其次，从学习中看身体健康对人的发展的重要性。以即将高考的学生为例，高考是人生中最重要的一场考试，十几年的寒窗苦读尽浓缩于最后几张薄薄的试卷。在高考大战中，不仅拼智力、努力甚至还是一场体力的战争。在那场争分夺秒的大战中，一次感冒、一次头疼、一次病假等甚至都可能直接影响最后的结果。这也启示在高中的教育者们，在学生们备战高考的同时要注重学生身体素质的培养，比如有计划地组织学生晨跑或者其他的锻炼以提高学生的身体素质，为高考保驾护航。

三、内源发展的理论基础

目前，"内源发展"并没有一套固定的分析模型和具体的定义。20 世纪 80 年代，联合国教科文组织和联合国大学针对"内源发展"组织了一批研究项目，主要包括"内源型"（Endogenous）和外源型"（Exogenous）的对立。在丰富内源发展的理论探讨上，欧洲学者们做出了重要贡献，主要表现在其对南欧乡村地区发展战略的研究，其中主要的代表学者包括 Musto，Friedmann，Garofoli 等。当然，关于内源发展的理论主要可从促进经济发展和促进人的发展两方面来进行理解。

1. 促进经济发展的内源发展理论

内生增长理论（The Theory of Endogenous Growth），产生于 20 世纪 80 年代中期，它是西方宏观经济理论的一个分支。该理论认为，经济能够不依赖外力推动实现持续增长，保证经济增长的决定性因素是其自身内生的技术进步。

对于经济内生增长的研究，主要分为两种代表性的研究思路，且这两条思路都是建立在完全竞争的假设之下。这两条具体的研究思路分别是：第一条研究思路的代表人物是卢默、卢卡斯等人，他们用经济范围的收益递增、技术外部性解释经济增长的思路。在该思路的指导下，衍生出来的代表性模型有罗默的知识溢出模型、巴罗模型和卢卡斯的人力资本模型等。第二条研究思路是用资本持续积累解释经济内生增长的思路，在该思路的指导下，衍生出来的代表性模型是琼斯——真野模型和雷贝洛模型等。当然，完全竞争假设下的众多内生增长模型都存在一些缺陷：第一个缺陷是完全竞争假设条件过于严格，其严格的条件反而限制了模型的解释力和适用性；第二个缺陷是完全竞争假设无法较好地描述技术商品的特性，即非竞争性和部分排他性，并且使得一些内生增长模型在逻辑上产生不一致。

内生增长模型中普遍存在一些问题，为了克服这些问题，从 20 世纪 90 年代开始，学者们突破原有研究思路，试图改变假设条件，即从完全竞争假设转变为垄断竞争假设，并在此假设条件下开展经济增长问题的研究，进而提出了一些新的内生增长模型。学者们从其技术进步的理解视角出发，可以将这些模型分成三种类型：第一种模型是产品质量升级型内生增长模型；第二种模型是产品种类增加型内生增长模型；第三种模型是专业化加深型内生增长模型。这三类内生增长模型的提出，标志对经济发展内生增长力量的理论研究迈入了一个全新的发展阶段。

2. 促进人发展的内源发展理论

第一，本能论方面。本能理论是心理学中最著名的动机理论之一，它是基于人的本能力量来解释人类个体的行为动机的。其代表人物有：英国心理学家麦独孤（W. Mcdougall）、弗洛伊德（S. Ereud）和詹姆斯（W. James）。弗洛伊德认为，人的本能具有以下四个方面的特征：第一方面是它源自个体本身的状态和需求；第二方面是解释它的目的，它的目的在于消除个体内部关键的不和谐因素，重建平衡；第三方面是它的对象是被消除的不和谐因素；第四方面是解释它的动力来源，其个体内部所欠缺的程度是它的动力来源。他的本能论为后来的学者研究激发各类人群内生动力提供了理论基础。詹姆斯（W. James）就是在弗洛伊德思想基础上，通过描述各种本能及其在人类进化中的适应方式，就可以解释行为是如何被激发的。

第二，阿玛蒂亚·森关于人的"可行能力"分析。阿玛蒂亚·森首次提出了"可行能力"的概念，并且将自由看作是发展的最终目标和实现手段。在森看来，"一个人的'可行能力'指的是此人有可能实现的、各种可能的功能性的组合"。① 他认为存在一个人的可行能力集，用来衡量一个人可以选择的功能性活动。阿玛蒂亚·森提倡发展的最终目的是自由。因此，他关注的问题主要集中于通过研究贫困地区的能力剥夺问题，从而进一步探讨贫困等问题产生的本质原因。森的理论在实践工作中得到运用，主要表现事件为 1990 年联合国开发计划署（UNDP）于开始提出人类发展指数，该指数就是在森的理论上发展而来的，它主要发出了人们通过提升人类发展能力来提升全人类的生活水平的号召，即通过提升个人的内在能力，进而转化为人的发展的动力，最终实现人的发展。

这些内源发展的相关理论很好地解释了什么是内源发展，为推动事物内源发展提供了路径方法指导，特别是在经济领域，让人们更加重视内部力量的推动作用，为促进经济持续良好有序运行奠定了坚实的理论基础。

---

① ［印］阿玛蒂亚·森：《以自由看待发展》，中国人民大学出版社 2013 年版，第 63 页。

第三节 外源发展观与内源发展观之争

一、现代化进程中的内外源发展观之争

在探讨现代化的过程中，学术界就提出典型的外源性现代化和内源性现代化观点。在现代化进程中，到底是外源推动还是内源推动成为学者们争相探讨的问题。

1. 外源型现代化

对于外源型现代化的介绍，还得从介绍"西方中心论"开始。纵观西方现代化的发展历史，不可忽略其呈现出的强烈的"欧洲中心论"或"西方中心论"色彩。总的来说，学者们对西方现代化理论的研究乐此不疲。他们将自己对西方现代化问题的发展经验看法和观点上升为西方现代化发展理论的高度，并且试图将该理论直接作用于非西方国家的发展进程之中。西方现代化理论的推崇者们认为，在非西方落后国家发展过程中，其内部的政治制度、社会结构和文化传统存在与现代化相抵触的部分，只有依赖西方文明的传播和吸收才可能促进非西方国家的现代化发展。以上这些观点缺乏对非西方国家发展进程中的内部因素的科学认识，是典型的外源型发展观。

"西方中心论"的影响不容小觑。通过分析 20 世纪开始的现代化研究不难发现，无论是西方发达国家还是第三世界国家（包括中国），都有很多学者仍然在推崇外源型现代化国家发展进程中外部因素发挥主导作用的观点。但与此同时，却忽视了影响国家经济发展的内部因素、内部条件在现代化启动过程中所发挥的重要作用。韦伯曾用大量的篇幅来论证西方文明及其环境的优越性。并且从科学、史学、艺术、教育、官吏制度等各个方面的发展来证明西方文明的优越性。[1] 在韦伯看来，新教伦理具有一种

---

① [德] 马克斯·韦伯：《新教伦理与资本主义精神》，四川人民出版社 1986 年版，导论。

特别的精神即经济理性主义，而这种精神的本质就是资本主义。韦伯的西方中心主义的现代化理念对国际上各个学科产生了巨大的影响，诸如哲学界、经济学界、社会学界等各个学科都与韦伯的思想密不可分。他的这种西方中心主义的观点是西方学界对世界现代化本质的根本看法的典型代表，属于典型的外因论。

2. 内源型现代化

显然，外源型现代化的说法并不能被全部学者所接受，与之相反的内源型现代化应运而生。北京大学著名历史学家罗荣渠曾将世界各国通向现代化的道路大致概括为两种。第一种是内源的现代化（Modernization from within），此种现代化是指由社会自身力量产生的内部创新经历漫长过程的社会变革的道路。第二种是外源或外诱的现代化（Modernization from without），此种现代化是指在国际环境影响下，社会受外部冲击而引起内部的思想和政治变革并进而推动经济变革的道路。现代化进程中处于核心地位的力量是工业的现代化，从实质上来说，现代化是现代工业生产方式和工业化生活方式叠加而普遍扩散化的过程。而英国，属于典型的内源型现代化国家。在其从传统社会向现代社会过渡的过程中是以工业革命和工业化带动整个社会的其他方面的变革的进程。

梳理以往学者们对外源型现代化的研究，发现学者们更注重研究外部因素在现代化启动过程中所发挥的作用，此种偏向性明显的研究带来的后果就是忽视了内部因素的作用。对事物的认识需要用全面的观点，即在分析外部因素影响的前提下，再需要从内部影响因素出发，科学地揭示外源型现代化国家现代化启动过程中内部因素所发挥的作用，并客观地认识内部因素的重要作用，再进一步准确把握内外部因素在现代化过程中的地位。再者，为准确且完整地把握现代化进程中的一般规律，必须将内源型现代化国家的国家现代化与世界现代化进程结合起来，并且探讨其规律的互通性。即世界现代化的发展规律，既包括内源型现代化的发展规律，也包括外源型现代化的发展规律。对内源型和外源型国家的现代化进程中的相关规律都要深入研究和把握。

二、区域经济发展中的内外源发展观之争

我国改革开放政策实施四十多年来，涌现了不同的经济发展模式。在今后的发展中，需要进一步厘清经济发展的内部机制和逻辑架构之间的关系，善于总结经济发展的经验和教训。这不仅在实践上对促进我国总体经济和社会发展十分必要，在学理上也可为更好地理解经济发展的决定因素提供支撑。[①] 在四十多年的发展过程中，各地经济发展具有不同特点，且实施不同的发展政策，取得了不同的发展效果。但是从经济发展的源泉和动力视角入手，总结各地经济发展模式不外乎两种，即外源型经济和内源型经济。此处以苏州与温州为典型案例来介绍外源型区域经济发展模式和内源型区域经济发展模式。

（一）外源型区域经济发展观

外源型经济是伴随经济全球化在发展中国家与地区出现的一种经济现象，是发达国家和跨国公司通过资源在全球的有效配置，实现利益最大化的一种战略体现，同时也是发展中国家与地区利用经济全球化这一历史机遇，实现本区域跨越式发展的重要战略举措。[②] 20 世纪 80 年代后期，苏州在创造了惊人的苏南速度之后，逐渐实现了卖方市场向买方市场的转变，但随之而来的是更加剧烈的市场竞争。在此背景下，苏州开始调整发展战略，通过构建工业园区吸引外资，逐步走上了内源经济向外源经济转型的道路，其主要措施是招商引资。之后的一段时间，苏州以外力为主要动力的外源经济发展模式不仅促进了其产业结构的合理布局和调整，也加快了苏州制造业产业结构的升级。同时，引入外资还带来了外企先进的技术和管理经验，从而成为苏州制造业高度发展的重要推动力。诚然，苏州的经济在外源型动力的推动下得到了快速发展，但也给苏州本地的经济发

① 范从来、赵永清：《内源发展与外源发展：苏州模式和温州模式的比较》，《阅江学刊》2010 年第 6 期。

② 新望：《苏州模式是当地老百姓的悲剧》，《财经文摘》2006 年第 4 期。

展带来一些不容忽视的不利影响，因此苏州模式也存在着很多争议。

细观苏州的外源型经济发展模式不难发现，其经济的腾飞在很大程度上依赖于外资的进入，这种情况造成的后果便是引发产业空心化危机。当时苏州经济处于一种主要依靠外资经济的发展的尴尬状况，此种举措虽然推动了当地的工业化进程，但也带来了不良后果。由于政府政策偏向性明显、外商企业技术竞争优势等，对本土内源经济尤其是民营经济产生恶劣的挤出效应。同时，引入的外来企业使得电子、信息、精密机械等高新技术产业迅速崛起，然而却停留在加工组装阶段，技术的溢出效应并不高。与外企相比，本土企业发展滞缓，其配套技术跟不上、自主创新严重缺乏。故而当成本优势丧失时，必然导致外商投资用脚投票，出现"外企迁徙"的尴尬局面。与此同时，本土企业的发展无法"接盘"，就不可避免地发生地区经济产业空心化危机。要避免产业空心化的尴尬，需要从两方面入手。一方面是需要提高本土企业与外资企业的产业配套能力，从而实现人为逆向地加大外资企业转移成本，迫使其在本地落地生根，并且在配套中注重本土企业的自主研发能力的培养和提高；另一方面是需要加大力度促进本土经济的发展，促进企业自身发展活力的提高。外资企业毕竟不是本土企业，可能因为政策调整、人口成本增高等因素随时发生迁徙的可能。一旦发生外资企业迁徙的情况，本地企业必须具备"及时接盘"的能力，从而避免外资企业迁徙可能给本地经济带来恶劣后果的局面发生。

外源型经济的发展，在一定程度上是促进内源型民营经济发展的重要力量；而内源型民营经济的发展能在一定程度上能够对冲外源型经济带来的负面影响。区域经济的增长与发展是区域内外部因素相互作用的结果，开放区域的经济发展必须将内部因素和外部因素有机结合，二者不可偏废。①

（二）内源型区域经济发展观

内源型经济发展模式的典型地区为苏州，其主要表现为依靠本地的资

---

① 范从来、赵永清：《内源发展与外源发展：苏州模式和温州模式的比较》，《阅江学刊》2010年第6期。

金、技术等生产要素发展经济，从而实现本区域工业化和现代化的进程。温州经济的发展动力，主要为内源力量，即大力鼓励民间投资和民营经济的发展。该发展模式是实质上市场经济的发展模式，是一种"哈耶克自发秩序模式"，① 是一种寻求与市场经济发展的内在要求相一致的以企业为主导力量的发展模式，该发展模式将内源型力量，特别是民间力量的作用发挥得淋漓尽致。

20世纪八九十年代，国内很多地方还在展开围绕姓"资"姓"社"的意识形态问题的大讨论，在一切还处于热火朝天的理论论证阶段时，温州市政府已经先行一步，开始实行了鼓励和支持民营经济发展的政策。这种发展个体私营经济为主的经济模式，从本质上讲，其实是一种基于"市场定价"的发展模式，是一种自发自生性的发展模式。得益于该种发展模式，温州的中小企业在今后的发展大潮中独树一帜。

进入21世纪后，市场竞争的局面日益激烈，很多企业陷入"夹缝"中生存的尴尬之地。以内源型民营资本为主要驱动力的温州工业化不可避免地也迎来了许多新的挑战。温州模式兴起于"短缺经济"背景，然而此种背景已然不复存在。温州工业化发展模式主要是依赖于内源型民间投资力量来驱动，其投资选择的主要产业具有明显偏向性，主要集中在回收期较短、风险相对较低的传统制造业。而此种行业对产业技术要求并不高，故而导致了温州的产业结构水平总体较低。而以前的温州发展模式与中国整体工业化的进程并不能有机协调，成为温州发展的重要阻碍力量。

2007年，温州开始重整旗鼓，提出了"以民引外、民外合璧"的经济发展战略。该战略的主要逻辑是试图借助外力驱动内力，着力推动温州民营企业与国外资本进行良性融合，利用外资企业来培育开放型外源经济，从而试下改造和提升传统产业，最终实现经济结构转换的目的。这一"以民引外、民外合璧"的战略的提出赋予了传统温州模式新的内涵，是温州内源型发展模式的转型与提升。经过多年的发展，温州发展的"双引擎"已然成为现实，并出现了本地企业和外资企业比翼齐飞的经济发展格

---

① 冯兴元：《市场化——地方模式的演进道路》，《中国农村观察》2001年第1期。

局，实现了温州经济产业结构与竞争能力的提升，助推温州现代化进程迈入了一个新的发展阶段。

温州经济发展模式的转型和成功案例是典型的内外部因素融合利用的发展模式，其成功进一步证明在地区经济发展过程中，需要有机分析和结合影响区域经济发展的内外部因素，才能实现经济的发展甚至腾飞。当经济发展模式的内部缺陷影响经济进一步的发展时，必须破旧立新，不能墨守成规。勇于打破原来内源发展的旧有框架，积极主动寻求由外源型经济的发展驱动内源型经济的发展，从而达到实现经济发展方式转变的目标。

苏州模式和温州模式两种截然不同的发展模式，是我国改革开放进程中区域经济发展的典型缩影。两地经济发展的实践证明，不管在区域发展初期，地区选择的是内源型发展模式还是外源型发展模式，"其最终的发展都会逐步走上区内和区外两种资源和两个市场、经济发展的内源性和外源性不断融合的康庄大道"①。

三、人的发展的内外源发展观之争

（一）人的发展的外源型决定论

第一，教育决定论。

学校教育是由受过专门训练的教师，在受教育者的直接影响下，所进行的一种有目的、有计划、有组织、有系统培养人的活动。② 17 世纪，英国教育学家约翰·洛克提出"教育万能论"（教育决定论）在当时引起轰动。他认为，孩子从出生起什么都没有来到世界上，其心灵犹如一块白板，后天的教育者可以按照他的想法随意在上面描绘，这就是他著名的"白板说"，可见他是重要的教育决定论的支持者。

还有的学者在论述教育决定人的发展的过程中呈现一个这样的逻辑：

---

① 范从来、赵永清：《内源发展与外源发展：苏州模式和温州模式的比较》，《阅江学刊》2010 年第 6 期。

② 戴绳祖：《在人的发展中什么起决定作用?》，《九江师专学报》（哲学社会科学版）1989 年第 4 期。

首先从教育与遗传素质的关系看，他们认为教育是作用于人的遗传素质，并根据人的遗传素质的不同规律和特点去影响人的发展，而遗传素质是人发展的物质基础。其次从教育与人的主观能动性的关系看，在人的发展的过程中，不容忽视人的主观能动性的作用，然而人的主观能动性又要通过教育来培养和调动，与此同时是教育也要受到人的主观能动性的制约。再次从教育与社会关系的联系看，社会关系决定教育，可是社会关系对人的影响又要通过教育来发挥。最后从教育与实践活动的关系看，实践活动是培养人的重要途径，教育要与社会实践相结合，但实践活动对人的影响作用，又需要教育来有效地组织。① 通过上述四个层面的阐释得出教育在人的发展中处于主导性地位且是决定性的地位。

第二，环境决定论。

前面已指出，在人的发展过程中，环境是影响人的发展的重要外源因素，其中包括自然环境因素，也包括社会环境因素。此处提到的环境决定论者更将环境对人的发展作用置于一个决定性的位置，坚定地认为环境是人的发展的决定力量，而这类观点的持有者古今有之。"孟母三迁"的故事耳熟能详，"近朱者赤近墨者黑"之类名言不绝于耳，"染于苍则苍，染于黄则黄"之类虽知名度不及前两者，但其中心思想亦是突出强调环境对人的思想、品质有着不可估量的影响力。当然，近代也不乏"环境决定论"的坚定支持者甚至实践者。近代著名教育学家杜威及其支持者们都是坚定的"环境决定论"的倡导者，他们十分强调环境的作用，认为"学校即为有组织的环境"，人的发展从改造"学校"这个"特殊的环境"开始，最后走向了"学校消亡论"、反对学校进行系统和分科教学的极端。

第三，环境和教育复合决定论。

环境与教育决定论的支持者认为，环境和教育都不能作为一种决定力量单方面决定人的发展，他们坚定地认为是两者复合作用才可以起决定作用。该观点的学术代表作品是黄济编著的《教育哲学初稿》、北京教育行

---

① 曾茂林：《关于建国以来影响人发展因素研究的述评》，《江苏教育研究》2009 年第 8 期。

政学院编的《普通教育学》，1987 年由冯忠汉等主编的师专《教育学》课本也是持此观点。他们认为，"环境和教育，对于人的发展起决定性作用"。总之，在具备一定的遗传素质之后，环境与教育在人的发展过程中起决定性作用。

（二）人的发展的内源型决定论

第一，遗传因素决定论。

遗传因素决定论，又称生物基因因素决定论，用通俗的话来说即为"天注定"。在我国古代，孔子的儒家思想在教育方面推崇"天才论"。孔子曾说："生而知之者上也，学而知之者次也；困而学之者，又其次也，困而不学，民斯为下矣。"① 用今日之话则意为：生来就知道的是最上等的；通过学习才知道的是次一等的；遇到困难才学习的又是次一等的；遇到困难仍然不学习的人是最下等的了。可见，其思想中推崇的"天才论"与现代的遗传因素决定论不谋而合。当然，孔子之后不乏与"天才论"思想相近者，其代表者为唐宋八大家之一的韩愈，他提出著名的"三品说"。他认为人有先天的智慧和愚钝之分，人的遗传物质决定了人的知识才能和道德的好坏。在儒家思想盛行的中国古代，这些思想对后世都具有深刻的影响。

当然，西方现代的生物遗传学派的学者们也同样是遗传因素决定论的坚定支持者，他们甚至认为将遗传因素归结为是决定每个人发展的唯一因素。例如美国著名心理学家霍尔提出的"复演说"——该学说的主要观点就是"一两遗传胜过一吨的教育"。同样将人的自身的遗传因素置于相同重要地位的心理学家还有奥地利的彪勒，他认为人的发展是人的遗传因素向着自己运动的方向有节奏运动的过程，外部因素只能是促进或者延缓这个过程而不能起到改变这个过程的作用。

诚然，各学者们思想的碰撞与融合有利于加深对事物本质的认识，但是思想被过度"妖魔化"地付诸实践则会出现相反的效果，甚至产生恶劣的社会影响。"遗传因素决定论"是人的发展的内源发展性决定论的重

---

① 孔子：《论语·季氏篇》。

要组成部分，是各学者思想的结晶，但其"妖魔化"地应用到社会上的实践活动则起到了相反的效果。

第二，实践决定论，即人的主观能动性决定论。

学者曾茂林认为人的发展的动力源泉是人的内在矛盾，这与辩证法提倡的"矛盾是事物发展的源泉和动力"的观点是一致的。但是这只是人的发展的动力因素而已，"真正影响和决定人的发展的重要内部因素应是人的主观能动性，其强弱直接关系到学习的效果和质量"①。内源因素和外源因素都是影响人的发展的重要因素，而真正将两者进行统一的是人的主观能动性。从一方面来说，外源因素即人所处的环境和所受的教育等，如果不通过"人"这个主体来积极承受，那么无法发挥其真正的作用；从另一方面来说，内源因素即人的遗传因素等如果没有环境和教育的影响，也无法发挥其真正的作用。人的发展是由内源因素和外源因素共同决定的，这两大因素贯穿着人的发展的始终，在人的发展过程中扮演着不可或缺的力量，且其主要特征是典型的不可相互替代性。在人的发展中，实践并不像有些人说的是单独的影响因素，它是影响人发展的一切因素得以统一的途径。故而，实践决定论，即人的主观能动性决定论在很长一段时期具有非常深刻的影响。

那么，在人的发展中到底是什么起决定性作用呢？要回答这一深刻问题，我们必须先打破前人的思维方式，将自己的思维从形而上学的、把事物看成是彼此孤立的、不相联系的桎梏中解脱出来，并通过重新梳理人的发展过程，把人的发展过程看成是各因素互相联系、互相影响、互相作用的过程。而不是如前所述，将人的发展过程看成是单一因素或者两个因素复合决定的过程。概而论之，人的发展是多因素综合决定的过程，这些因素包括诸如环境、教育等外源因素，也包括诸如人的主观能动性、自身遗传等因素，各因素相互联系、相互交融、相互影响、相互作用，最终推动人的发展。

---

① 曾茂林：《关于建国以来影响人发展因素研究的述评》，《江苏教育研究》2009 年第 8 期。

第二章 边际效应递减下的中国式外源扶贫

第一节 外源推动下的扶贫发展

一、外源推动式扶贫的概念

贫困，在一般情况下被认为是由于物质资源匮乏，而导致的个人或者家庭的生活水平无法达到社会可接受的最低限度的一种状态。欧共体将贫困理解为"个人、家庭和群体的资源如此有限，以至于他们被排除在他们所处的国家可以接受的最低限度的生活方式之外"。《2000年世界发展报告》[①] 在传统贫困标准定义的基础上增添了脆弱性与无助性等因素，同一时期的印度籍经济学家阿玛蒂亚·森将"权力贫困"也纳入贫困定义中，其在《以自由看待发展》[②] 一书中将贫困定义为"一种对基本能力的剥夺，而不仅仅是收入低下"。

贫困同时包含着两个层面：一是个人生理的不足及对其的剥夺，即个体在营养、健康、住所等物质层面的匮乏；另一层面则是社会权利的剥夺，如个体在社会生活中无发言权、受排斥等现象。此外，贫困还可被分为绝对贫困和相对贫困。绝对贫困是指维持生存的最低要求的需求品缺乏；而相对贫困是建立在将贫困者的生活水平与其他社会成员的低生活水

---

① 世界银行编著：《2000年世界发展报告迈进21世纪》，中国财政经济出版社2001年版，第22页。

② ［印］阿玛蒂亚·森：《以自由看待发展》，中国人民大学出版社2013年版，第15页。

平对比之上的，是指比社会成员平均生活水平低的生活状态。

我国在对贫困的界定上，虽也从多种因素考虑，但最核心的测量标准仍然是以收入水平为主，即将低于某一水平的货币化年收入区间划定为贫困范围。这也在很大程度上影响着国家在扶贫方面的决策，扶贫措施主要聚焦于提高贫困主体生活水平、增强贫困主体获取资源能力等方面，例如提出的至2020年消除的是绝对贫困的目标，都将物质层面的贫困消除放在了首要位置上。同时，目标也导向了此前的贫困消除模式，主要以政府为主导的外源推动式扶贫模式占扶贫工作的主流。

外源推动式扶贫，指的是以政府或社会组织为主导，为国家识别出的低收入和低生活水平的贫困群体提供物质补助、产业帮扶等援助的扶贫模式。扶贫主体在扶贫过程中不仅承担扶贫资源提供的责任，还要承担扶贫资源配置的责任，以及对扶贫进行评估的责任，而贫困主体处于被动接受的状态。外源推动式扶贫与内源推动式扶贫是一对相对应的概念，与外源推动式扶贫主要以外力向贫困内部推动工作相反，内源推动式扶贫则是以激发贫困主体内在动力以增强其反贫困能力为主，使贫困群体获取更为长期的贫困抵御能力。

中国自开始反贫困工作以来就一直以外源推动式扶贫为主要扶贫方式，虽然在2000年后实行开发式扶贫等模式后，以外源一定程度上推动了内源动力的发展，但在2015年后，国家为了实现2020年全面脱贫摘帽工作的目标，在绩效目标的压力下，需要长期进行培育的贫困对象能力养成的内源推动式扶贫模式成为备选方案。以政府为主导的外源式扶贫的确有着其不可替代的优越性，例如政府可以通过行政力量动员整个社会中一切可以利用的资源，为反贫困工作提供坚实的物质保障；政府运用行政手段能够解决贫困地区修路、建电站、建水利等基础设施上的资金和人力保障，这些都是仅靠贫困个体或地区无法自行完成的。此外，面对国家人口众多、地域辽阔的现实条件，没有外力主导规划的扶贫工作是无法在幅员辽阔的情况下全面推进的。

二、外源推动式扶贫的特征

外源推动式扶贫因其为外部向内部的作用力，主要的手段为物质补助和产业帮扶等，故其主要具有救济性、强推动性、被动性、非可持续性等特征。

（一）救济性

外源推动式扶贫过程中常针对低收入和低生活水平的贫困者，给予直接的基本营养、基本卫生、基本教育保障以及其他生活补助，以满足贫困者基本生活需要。这使得外源推动式扶贫不可避免地带上了救济色彩的属性，这种直接满足贫困者物质需求的扶贫方式在某些情况下也会被称为"输血"式扶贫。

外源推动式扶贫的救济性使得其在施行过程中成效迅速，可针对性的为需要者提供援助，但同时使得模式适用面受到局限，过度扶持也会为国家财政带来巨大压力。故而我国实施外源推动式扶贫以来，除了较早期政策大面积地带有救济色彩，目前扶贫政策中，能够体现出其救济性的主要在农村五保户、特困户及其他特困群体的救助中。据数据统计，2015年全国农村低保户人口为4903.6万人，低保救济的人均标准从2011年的143元已涨至265元。2015年后，由于国家全力推进贫困消除的任务需求，地方扶贫工作在限定时间的硬性指标考核要求下，主要通过直接的物质帮助完成扶贫任务，外源推动式扶贫的救济属性愈发显现。

外源推动式扶贫的救济性虽能在一定程度上缓解绝对贫困问题，但也导致了某些贫困地区脱贫过程中的奇怪现象，政府给予的救济力度越大越难脱贫。对于贫困地区而言，扶贫政策的救济性代表着他们的是政策与资金上的特殊优待，一方面是能够获得由对口单位直接下发的扶贫资金，另一方面则是能够取得只有贫困村能够享受的优惠政策。出于利益考量，地区间必然争取"贫困村"的称号以此得以享受附加在贫困村上的政策优惠的好处。而这种救济性质的政策优惠，很可能造成的是获得此称号的地区某种程度的成瘾，无法割舍在这种救济机制的温床上坐享其成的成就感，从而舍不得摘下"贫困村"这项帽子，在脱贫大潮中越脱越"贫"。同样的，这种救济性的影响不只体现在地区间，在个人的贫困问题上也是时常可见，在扶贫中便体现为对"贫困户"身份的争夺。救济性在一定程度上会促使"等、靠、要"等懒政思维继续蔓延生长，长此以往，将导致地区发展理念严重错位扭曲，本来该主动发展的变成被动接受，本来该主动作为的变成不思进取、安于现状的表现。

（二）强推动性

外源推动式扶贫的实施过程中，是以政府为主导的多主体共同进行扶贫计划的制定、扶贫程序的设置、扶贫目标的确定以及扶贫开发的实施等各项工作，这也使得扶贫工作能够在很大程度上转化为一种政府行为，通过行政力量聚合动员社会资源参与扶贫任务，扶贫工作的运行推力强大。也可以说，外源推动式扶贫的强推动性来源于主导其的行政力量，这使得扶贫工作在物资保障、人员配置及组织运行上都有着坚实的后盾，保障着扶贫工作顺利推进。

外源推动式扶贫的强推动性从另一层面上来讲也来自其的救济属性。我国将贫困定性为一种收入水平不足以保障其正常生活的状态，外源推动式扶贫的救济行为最为直接地弥补了低收入与低生活水平的贫困者生活所匮乏的物质资源，让贫困者直接从赤贫状况中迅速解脱出来，以解决短期内的贫困问题。这种扶贫方式虽然具有较强的推动力，能够在短时间内完成行政规划目标，但一旦失去行政力量的支持与投入，扶贫对象很容易重新恢复到原来的贫困状态中去。

外源推动式扶贫强推动性的优越性，使得与其他和中国收入水平相近的国家相比，我国贫困发生率显著较低。作为世界上人口规模最大、地区发展差异显著的国家，中国低贫困发生率不能不说是一个伟大的成就。即便是按照世界银行较高的贫困线标准，中国也属于世界贫困发生率较低的国家。不仅如此，我国的扶贫成就还体现在农村贫困深度的显著降低。贫困深度反映了贫困户的收入和贫困标准的差距。按照 2010 年不变价贫困线 2300 元计算，2000 年的农村贫困深度指数为 14.79%，而 2010 年则降低为4.15%。如果按照世界银行1.9美元的贫困线标准估算，1990年中国贫困深度为24.4%，2010年下降为2.7%，而2014年进一步下降到0.3%。与此同时，反映居民生活水平的恩格尔系数也是逐年降低，2017年城市居民恩格尔系数已经达到联合国粮农组织制定的30%富足标准，农村的恩格尔系数也接近富足标准。城乡恩格尔系数的差距也呈现显著下降，从1978年相差10.2个百分点下降到2017年的2.6个百分点。

（三）被动性

外源推动式扶贫模式下的扶贫工作的主导方为政府、社会机构，其中又以政府的行政力量为主导，是一种自上而下、由外向内的运行过程。因此扶贫演变为社会管理的一部分，扶贫主体更多关注作为治理对象的贫困者能够在指定的时间和指标下脱离贫困完成扶贫主体工作任务，进而忽略扶贫对象真实的愿望需求，扶贫对象只能被动地接受扶贫主体为其规划好的一切。在国家实施大规模精准扶贫及明确限时于2020年完成的扶贫刚性指标，使得各扶贫地区制定了严格的时间安排和指标体系以完成"两不愁三保障"的具体脱贫目标，让贫困群体在较短时间内被动地获得产业发展及生活条件的改善。

同时，外源推动式扶贫的被动性也让扶贫对象获得经济短期补助时得不到自立能力的发展，扶贫主体与扶贫对象缺乏互动性，扶贫对象在补助取消后难以通过自身力量保持贫困脱离状态而返回贫困状态。长久以往，被动性所引发的不只是扶贫对象的依赖性，也将使扶贫工作单纯依赖于财政等的外力投入。

（四）非可持续性

形成外源推动式扶贫的非可持续性的特性的原因有两点：一是外源推动式扶贫的基础是通过直接提供物质与资金进行扶贫工作，一旦覆盖面扩大或是覆盖程度加深都将会对国家财政带来不小的压力，而扶贫工作的进一步推进必然要求覆盖面往深而广的方向前进，这样的矛盾导致外源推动式扶贫只能够作为扶贫工作的短期选择，而不可能长久持续的发展。二是外源推动式扶贫对于扶贫对象自身能力培育的缺失，这使得扶贫实施具有较低的稳定性，作为力量输出的扶贫主体一旦减少或是取消当前的扶贫力度，在贫困消除过程中没有获得贫困抵御能力的扶贫对象将很大可能地返回贫困状态，进一步可能导致的是整项扶贫工作的垮塌，故而外源推动式扶贫难以避免地带有不可持续性的特征。

现实中某乡曾开展大规模种植核桃的扶贫项目，通过号召组织让乡里大量农户都开始种植核桃，然而农业产品具有的风险性却未被准确预估，核桃树长成后产品的投销渠道也没有很好的打开，使得大量核桃囤积，无处销售。然而外源式扶贫的非可持续性又一次体现出来，扶贫项目是有时效性的，项目负责人在完成当期的扶贫政策后便调离了当地，这种超出时效的扶贫后果只能交给当地农户自行处置。外源式扶贫的非可持续性使得不仅在政策设置上具有短期性的特征，且无法培育扶贫对象的自身能力，这导致扶贫只能在项目实施过程中取得一定的成效，而项目结束后，扶贫对象无法通过自身能力将这种短期的效果继续延续下去，从而返回至贫困状态，使得表现出来的扶贫工作效率低下，无法从根源上解决问题。

三、外源推动下扶贫的演变

（一）基建探索阶段：1949—1978 年

由于经历长期的动荡与战争，新中国成立后百废待兴，贫困是普遍情况，因而在基础建设阶段国家层面并未提出明确的扶贫概念。但在这一阶段，全国大力兴建基础设施，医疗与社会保障制度也初步形成，农业技术的推广以及教育体系的建立都使得社会生产、生活以及人力资本状况得到显著的改善，为之后的反贫困行动奠定了良好的环境基础。

当时政府采取的反贫困措施大多数是应急的，没有形成对我国贫困问题的系统性、理论性的认识，其所采取的政策安排多是短期的救济救急手段，或是用通过整体性的经济增长来缓解贫困，这些做法在一定程度上缓解了局部贫困和部分经济问题，但不能大面积、深层次地解决我国社会的贫困问题。但这一时期的经济发展措施有利于缓解贫困。1950 年毛泽东发表讲话，表示中央政府成立后，主要是抓了一个财政问题，现在的问题要转到搞经济上去，要调整工商业，要和资产阶级合作。他还指出，要合理、最大化地利用城乡资本主义的积极性。这些理念为中华人民共和国成立初期的国营、私营工商业的发展奠定了理论基础，通过政策的转变，对产业进行调整，强调公私兼顾、劳资两立的原则，意在促进和推动整个社会的宏观经济发展，从而缓解贫困问题。

（二）推进式扶贫阶段：1978—2000 年

在 1978 年的十一届三中全会上，党中央正式宣布在全国开始全面推进改革开放战略，强调了发展生产力和经济发展的重要性。改革开放后，反贫困被提高到国家战略的高度，反贫困战略实施的广度和深度也得到空前的拓展。随着反贫困工作的逐步推进，以 1994 年《国家八七扶贫攻坚计划》① 的公布实施为标志，中国的扶贫开发进入了攻坚阶段。党中央认识到，造成农村人口大面积贫困的原因是生产力的低下，现有的生产力无法满足广大民众的生存需求，从而限制了生产力的根本原因则是体制的落后。为了打破这一现状，从根本上解决广大民众的生产生存问题，彻底的经济制度改革迫在眉睫。

《国家八七扶贫攻坚计划》中所提到的开发式扶贫是对过去救济性扶贫的改革和调整，它对贫困的缓解不是单纯依靠实行生活救济，而是与区域经济发展、农村生产经营体制改革联系起来的，通过直接的利益挂钩调动农民劳动积极性，并且用发展生产、扩大就业和增加收入来缓解农村贫困。在这一阶段，不仅解决了两亿多农村贫困人口的温饱问题，人民的生产生活条件也得到明显改善。

在 1978 年，以当时制定的人均年收入 206 元为贫困人口判定标准，当时的农村贫困人口高达 2.56 亿，其数量占农村总人口的 30.7%，但在其后几年，农村贫困人口以平均 1786 万的数量减少，到了 1985 年，贫困人口数量下降到了 1.25 亿，贫困发生率也由原来的 30.7% 下降到了

---

① 《国家八七扶贫攻坚计划（1994—2000 年）》，http：//www.cpad.gov.cn/art/2016/7/14/art_343_141.html。

14.8%。1986—2000 年的 15 年间，在中国农村贫困地区修建基本农田9915 万亩，解决了 7725 万多人和 8398 万多头大牲畜的饮水困难。到2000 年底，贫困地区通电、通路、通邮、通电话的行政村分别达到95.5%、89%、69% 和 67.7%。同时，经济发展速度明显加快。"八七"计划执行期间，国家重点扶持贫困县农业增加值增长 54%，年均增长7.5%；工业增加值增长 99.3%，年均增长 12.2%；地方财政收入增加近1 倍，年均增长 12.9%；粮食产量增长 12.3%，年均增长 1.9%；农民人均纯收入从 648 元增加到 1337 元，年均增长 12.8%。

（三）开发式扶贫阶段：2001—2010 年

2001 年底，我国农村贫困人口下降到 3000 万左右，贫困发生率为3.2%，1999 年提出的"西部大开发"战略和 2005 年提出的"建设社会主义新农村"后，中国扶贫进入了又一个新阶段，强劲的经济增长势头和逐步深入的农村市场化改革使反贫困步伐明显加快，一定程度上缩小了区域间及城乡间的贫富差距。2000 年 10 月，中共十五届五中全会通过的《中共中央关于制定国民经济和社会发展第十个五年计划的建议》[①]，把实施西部大开发、促进地区协调发展作为一项战略任务，强调："实施西部大开发战略、加快中西部地区发展，关系经济发展、民族团结、社会稳定，关系地区协调发展和最终实现共同富裕，是实现第三步战略目标的重大举措。"随着西部大开发政策的实施，各类扶贫政策也随之涌发，例如针对民族特色区域的旅游产业扶贫及文化产业扶贫等，都在很大程度上使得扶贫工作进一步渗入到贫困的土壤中，西部贫困程度得到了很大的缓解。

随后在 2005 年 10 月 8 日，中国共产党十六届五中全会提出要按照"生产发展、生活宽裕、乡风文明、村容整洁、管理民主"的要求，扎实推进社会主义新农村建设，通过可持续发展、建设农村融资渠道、发展农

---

① 《中共中央关于制定国民经济和社会发展第十个五年计划的建议》（2000 年 10 月 11 日中国共产党第十五届中央委员会第五次全体会议通过）：http://www.gov.cn/gongbao/content/2000/content_ 60538. htm。

村旅游等政策措施，增强农村地区经济动力，改善人民生活条件，缩小城乡差距，为反贫困做出重要贡献。按照集中连片的原则，国家把中西部少数民族地区、革命老区、边疆地区和特困地区作为扶贫开发的重点，并在上述四类地区确定扶贫开发工作重点县。东部以及中西部其他地区贫困乡、村，主要由地方政府负责扶持；扶贫资金的投放将覆盖到非贫困县中的贫困村。2003 年农村贫困人口变化出现了不减反增的现象，巩固温饱的重要性逐渐显现出来，为此，国家将解决剩余贫困人口的温饱问题作为扶贫工作主要任务的同时，更加着重强调提高贫困群众的生活质量和人口素质，促进贫困地区科教文卫事业的发展，进行人力资源投资。

2001 年我国有 14.8 万个贫困村确定为"整村推进计划村"。在整村推进扶贫的基础上，瞄准贫困人口，结合农村产业化发展和劳动力转移培训，共同组成了"一体两翼"扶贫战略。2007 年国务院出台《关于在全国建立农村最低生活保障制度的通知》，这是中国扶贫开发工作的一个新的里程碑，标志着我国形成了以农村社会保障体系为基础，促进贫困地区经济发展和贫困农民增收为核心的扶贫开发体系。此外，这十年间，生存环境恶劣地区进行异地生态搬迁扶贫，以及 1000 多万自我生存能力受限的残疾人扶贫，都出台了不同程度的针对性政策。这一阶段我国减贫的主要目标是解决 3000 万农村绝对贫困人口的温饱问题，到 2010 年时基本消除绝对贫困。从统计数据来看，以 2008 年重新调整的扶贫标准，到 2010年年底，中国农村的贫困人口从 2001 年的 9029 万下降到 2688 万，贫困发生率从 9.8% 下降到 2.8%；全国农村居民人均纯收入也由 2001 年的2366.4 元上升到 2010 年的 5919 元。

（四）攻坚克难新阶段：2010 年至今

随着 21 世纪中国扶贫开发纲要实施的结束，我国农村人口的温饱问题得到基本解决，贫困程度大幅下降，探索出了一条中国特色的扶贫道路。然而截至 2013 年年底，我国贫困人口仍有 8249 万，绝对贫困人口的分布特征呈现出"大分散、小集中"的趋势。我国的绝对贫困人口主要分布在 14 个"连片特困区"，在这 14 个连片特困区中，农民人均纯收入

2676 元，仅相当于全国平均水平的一半；在全国综合排名最低的 600 个县中，有 521 个在片区内，占 86.8%，可见到 2020 年中国要实现全面建成小康社会的奋斗目标，重点在中西部，难点在集中连片特困地区。

2011 年颁布的《中国农村扶贫开发纲要（2011—2020 年）》[①] 的第十条明确指出将连片特困地区作为扶贫攻坚的主战场，加大对连片特困地区的投入和扶持力度，中央财政专项扶贫资金的新增部分主要用于连片特困地区；并且在各部门组织下集中实施一批民生工程，改善连片特困区内的生产生活条件，培育壮大一批特色优势产业，加快公共基础设施建设步伐，加强生态建设和环境保护，着力解决制约发展的问题，促进基本公共服务均等化，从根本上改变连片特困区面貌。

国务院先后颁布了《关于创新机制，扎实推进农村扶贫开发工作的意见的通知》（中办发 [2013] 25 号）与《建立精准扶贫工作机制实施方案》，促进精准扶贫工作从顶层设计、总体布局和工作机制等方面有序有效地推进，标志着我国"精准扶贫"的扶贫工作理念的开始。在加入了"精准扶贫"工作理念后，中国整个的扶贫开发体系便到达了更新的阶段，并且这一扶贫机制将持续到 2020 年全面脱贫目标的实现。至 2015 年年底，中国农村贫困人口下降到 5575 万，比 2010 年减少了 10992 万人，贫困发生率从 2010 年的 17.2% 下降到 5.7%。

第二节　中国式外源扶贫的动力与路径

一、组织动员：政府主导多主体参与

（一）政府主导

以政府为主导的外源式扶贫最为创新的实践便是驻村帮扶机制。社会

---

① 《中国农村扶贫开发纲要（2011—2020 年）》：http://www.gov.cn/gongbao/content/2011/content_2020905.htm.

主义制度优越性增强贫困地区发展动力。健全干部驻村帮扶机制是 2014 年《关于创新机制扎实推进农村扶贫开发工作的意见》的六项机制创新任务之一，也是精准扶贫以来我国社会主义制度优越性充分体现的标志之一，由于中央对驻村帮扶的高度重视，驻村帮扶制度建立得很快，各地积极探索精准扶贫新形式，大力开展干部驻村帮扶工作，到 2015 年 11 月已基本实现驻村工作队对贫困村、贫困户的全覆盖。2016 年以来，各地驻村帮扶机制在原有基础上得到大幅完善。各地做法基本相同，就驻村帮扶各项制度和机制进行了完善、细化。

在政府的扶贫过程中，政府扶贫的主要方式还有专项扶贫、行业扶贫、定点帮扶与对口支援，其中专项扶贫发挥关键性的作用。因此可以说，政府治理农村的主要方式是项目制。项目制不仅是一种体制，也是一种能够使体制积极运转起来的机制；同时，它更是一种思维模式，决定着国家、社会集团乃至具体的个人如何构建决策和行动的战略和策略。项目制体现出我国政府在治理中的方式，扶贫中的项目制体现出扶贫的战略与政策，而目前的专项扶贫主要有整村推进、连片开发、产业扶贫、雨露计划以及移民搬迁等多种举措。

整村推进，改变以往的瞄准贫困户的扶贫方式，以农村社区为中心而开展扶贫工作。按照中央规划治理的贫困村，由财政扶贫资金、部门资金以及农村社区自筹资金进行扶贫投入，由县级及以下的政府扶贫部门统筹规划，由村两委负责组织以及群众参与，通过一定程序形成村级扶贫规划，并按照"一次规划、分步实施、三年见效"的要求的推进贫困村扶贫规划。连片开发，针对我国的贫困地区，存在贫困乡村集中连片贫困的特点，对于集中的贫困连片区域进行整体区域开发，主要围绕扶贫开发规划、现代产业规划与现代农业规划，以连片区域的经济发展与贫困人口增加收入为目标，重点发展连片区域内有特色有优势的产业，通过制定与实施贫困村与区域扶贫开发规划，从而改善贫困区的状况并提高自我发展能力。产业扶贫，通过政府在政策、资金、技术与劳动力等的支持与引导，在贫困地区扶持一批龙头企业，带动区域内的技术性与经营性的合作组织的发展，从而实现贫困区域产业机构的调整，并形成一些具有优势的产业，带动区域的发展与农民增收。雨露计划，外出务工是农民增收的重要途径，而且目前的发展形势与我国的产业结构需要大批的农民工，特别是具有技术的农民工。因此，在扶贫中也注重农村人力资源的开发，在贫困地区对农村进行劳动力转移培训，以实现农村劳动力顺利转移出去。移民搬迁，对那些生活在生态脆弱或者灾害频发区域的贫困人口，坚持自愿与政府补偿的原则，对这类贫困人口实行易地搬迁。

（二）多主体参与

贫困治理是一项公共服务与社会福利，目前的反贫困措施改变了我国的贫困局面，即是绝对贫困人口降至很低，相对贫困人口呈增长的趋势，农村特殊群体的贫困问题突出等情形，面对这样的情形，有专家学者建议由民间组织来承担扶贫工作，直接瞄准贫困人口，开展专业性的扶贫项目与工作，能有效地解决贫困问题，这种方式在实践中证明是可行的。在我国的社会组织发展历程中，发展过程经历了国际社会组织的进入，官方社会组织的兴起，并带动各类草根民间组织的兴起与发展的过程。对于最开始兴起的草根民间组织，主要是在国际社会组织培育下成立，在参与农村扶贫中接收到的是一种西式的扶贫理念，如乐施会、小母牛组织的不以经济为唯一指标、兼顾地方文化特征和社区整体发展扶贫理念，这些扶贫理念具有很大程度的"新发展主义"的特征，并影响到我国草根民间组织的发展与参与农村贫困治理。

多主体参与代表着社会力量对于扶贫工作的广泛融入，以定点扶贫和企业帮扶吸纳社会力量。社会扶贫与专项扶贫、行业扶贫互为补充，由于其机动、灵活的特点，减贫效果往往也非常明显。因此，精准扶贫以来对社会扶贫机制的完善和创新也高度重视，2014年12月，国办印发了《关于进一步动员社会各方面力量参与扶贫开发的意见》，指出要培育多元社会扶贫主体。从2014年至今的实践状况来看，定点扶贫、企业帮扶都产生了巨大的效果，形成了一批创新模式。从定点扶贫来看，精准扶贫以来，几乎所有的市级以上的政府职能部门和某些国有企事业单位都参与到部门定点扶贫过程中，其帮扶对象也覆盖了贫困县、乡、村三级。从企业帮扶来看，精准扶贫以来产生了诸如万达、恒大集团定点企业扶贫的"万企帮万村"新模式，效果极为显著，以恒大集团定点帮扶贵州省毕节市大方县为例，到 2016 年 12 月，仅 1 年时间，恒大已帮助大方县 8 万多人初步实现脱贫，完成总脱贫任务的 45%。社会组织也在扶贫工作中发挥着不小的力量，2011 年 2 月，国务院发展研究中心中国发展研究基金会一项关于中国贫困地区学生营养状况的调查报告显示，中西部贫困地区儿童营养摄入严重不足，受调查的学生中 12% 发育迟缓，72% 上课期间有饥饿感；学校男女寄宿生体重分别比全国农村学生平均水平低 10 公斤和 7 公斤，身高低 11 厘米和 9 厘米。同年 4 月，邓飞联合 500 位记者、国内数十家媒体和中国社会福利基金会发起了免费午餐基金公募计划，倡议为贫困学童提供热腾腾的免费午餐。一方面，项目与县级政府联合，筹资补贴给那些不能完全开展热食午餐的学校；另一方面，项目对缺少成熟帮扶政策的学龄前儿童开展免费午餐项目。该项目累计募集善款过 3.6 亿元，在 26 个省区市累计开餐学校数量为 931 所，累计受惠人数过 25 万人。同时，该项目也直接影响了政府政策，成为社会组织推动政府行动的典型案例：2011 年 11 月，国务院启动实施了农村义务教育学生营养改善计划，大规模地改变了中国乡村儿童营养状况。

二、资源内生：产业推动

在产业扶贫模式创新方面，形成了以下几种有影响力的产业扶贫模式。第一，龙头企业带动模式。我国经过长期实践形成了产业扶贫的主流模式，通过龙头企业带动，合作组织或其他组织的参与，带动贫困人口增收。此外，还形成了诸多的派生形式，在企业与合作组织间引入具有特色的基地、市场及农户等元素，形成独特新模式。第二，大户带动模式。即通过一些在生产、销售有特长的农户带动，实现贫困人口增收。包括所谓"能人带动""抱团经营"等形式，大户带动实际上也是企业带动模式的派生形式。第三，集体经济带动模式。即通过集体经济的壮大，带动贫困人口增收。此模式主要是一批依托优势资源和扶持政策发展壮大村集体经济的明星村，各村将村集体经济收入重点支持贫困户。精准扶贫以来，除了传统的明星村之外，依靠扶贫政策，诞生了一批集体经济强大的村庄。第四，新型产业和新技术带动模式。依托近几年兴起的新技术，例如大数据产业、电商扶贫等带动贫困户增收。也有依托近几年增长较为迅速的国民经济行业，较为典型的是大数据产业扶贫，贵州省依托大数据综合建设试验区，在数据资源的积累和应用上有了一定基础，精准扶贫以来，贵州全面着手布局大数据产业，对国民经济的贡献率保持在32%以上，成为经济发展的主动力、带动就业改善民生的重要途径。第五，非农就业模式。依托生产和流通环节有大量非技术性、低强度的工作机会的劳动密集型农业产业，贫困人口通过参与生产，为他们提供大量的工资性收入。第六，政策带动模式。此模式主要是依靠精准扶贫以来中央扶贫的各类奖补政策支持，通过奖补扶持政策与资源开发对接，让贫困户在产业发展中受益，较为典型的是小额信贷扶贫，大部分地区将小额信贷资金通过挂靠经营和保底分红的形式带动贫困人口增收。

例如云州区便是把黄花作为产业扶贫和"一区一业"的主导产业来抓，经过几年努力，黄花种植面积达到15万亩，盛产期黄花7万亩，产值达到5亿元，形成了1个2万亩、8个万亩片区和109个专业村，培育了14家龙头企业，打造了6个国家级品牌，促进了农业供给侧结构性改革，减少玉米种植6万亩。盛产期黄花亩均收入8000—10000元，仅此一项云州区农民人均可增收3500元。

三、市场对接：内联外引

从制度经济学角度来看，联合社本质上是一种市场主体，要求内部讲成本、求效益，独立核算，自负盈亏，帮助社区居民实现"开源"和"节流"。作为社区产品市场价值实现的重要中介，一方面，通过提高聚集效应和品牌效应,将合作领域延伸到流通环节,增加产品附加值,从而将利润留在联合社内部。另一方面,通过节约产品生产和流通费用,弥补分散农户独立交易的缺陷,避免社区原子化个体与市场多频次、分散化的对接。显然,在联合社的运作过程中,存在经营性和公益性的双重目的。联合社的经营性,表现在以企业化的运作模式从事商业性经营活动。

首先,参与生产监督、保证生产过程透明化以保障产品质量。对合格的原生态农产品以不低于市场价格从社区收购,保证农民增收;其次,在新媒体和大数据时代,加入超级社区电商平台,将生态原产地的产品信息公之于众,以推广产品;最后,吸引愿意支付的具有社会责任感的高端消费者,为生态产品找到买家。通过开发"公益慈善市场",获取原生态产品与服务,以社区居民的比较优势和投资需求为前提,建立消费者与土地之间的无缝对接,同时实现农产品销售计划,保障联合社的责任者和社区居民的权益。为尽力克服市场信息不对称、应对资金困难等引发的风险问题,通过社群共议、规范执行、公开推介、消费保障等机制,为市民提供优质产品,着重帮助消费者与社区居民之间实现产销对接。联合社的公益性,表现在以解决社会、环境问题为使命,期待实现财务自主,巩固自身在社区服务能力的同时,支撑社区发展项目的可持续发展,尽力避免资金瓶颈和光环化策略等资源失灵问题。从更深层次的角度来说,联合社赋予社区居民更多的个人尊严和自治权,通过引导社区居民主动参与社会变革,逐步实行自我管理与自我监督,激发自身潜能与创造力,进而实现自我价值、增强自信心。在以市场为导向的资源开发和产业发展之后,促进了贫困家庭生计发展和多样化,围绕社区资源、产品或服务,建立一套完整的经营方式、组织形式及生产链条,通过一定的发展援助甚至是开拓尝试增强社区居民适应环境的潜能,为其提供平等接近市场的机会,最终达到摆脱不利环境束缚的目的。

第三节 边际效应递减下的中国式外源扶贫

一、中国式扶贫的相关政策

我国在 20 世纪 80 年代开始提出较为明确的扶贫政策。1984 年 9 月，国务院颁布了《关于帮助贫困地区尽快改变面貌的通知》，作为我国扶贫工作的基本指导原则，该通知针对贫困地区制定了一系列外源式优惠政策。1986 年，为进一步加大扶贫力度，国家成立了从中央到地方各级的贫困地区经济开发领导小组，专门负责领导、组织、协调、监督、检查扶贫工作；安排专项扶贫资金，制定有利于贫困地区和贫困人口的优惠政策，确定了开发式扶贫方针；开始实行县级瞄准机制，确定了国定贫困县标准，将 331 个贫困县纳入国家重点扶持范围，另设 368 个重点贫困县；重点关注老革命根据地和少数民族地区，组织劳务数次，推进开发式移民，改善贫困地区的基础设施；还制定了"对口帮扶"和"定点扶贫"政策等，旨在发动全社会力量缓解农村绝对贫困。

国务院于 1994 年 3 月制定《国家八七扶贫攻坚计划（1994—2000 年）》，提出集中人力、物力、财力，动员社会各界力量，力争用 7 年时间基本解决农村贫困人口的温饱问题。与此同时，中央通过决议把中西部扶贫工作纳入国民经济发展综合规划，在政策上对中西部扶贫工作进行了新的部署，制定了资金、权力、任务、责任"四到位"的原则。《国家八七扶贫攻坚计划（1994—2000 年）》是中华人民共和国历史上第一个有明确目标、明确对象、明确措施和明确期限的扶贫开发行动纲领。在这一时期的扶贫政策更加明确了扶贫到户的开发式扶贫策略，扶贫方式从以前的区域性扶贫转为纵横联手、内外兼顾的参与式扶贫，注重调动贫困者自身的反贫困积极性，鼓励贫困农户参与决策，实行扶贫开发与贫困救助相结合的"造血式"扶贫开发机制。

2001 年起，以《中国农村扶贫开发纲要（2001—2010 年）》的颁布实施为标志，扶贫开发工作进入解决和巩固温饱并重的新阶段。为了适应经济社会发展的新形势和新要求，中央政府重新确立了"坚持开发式扶贫方针、坚持综合开发与全面发展、坚持可持续发展；坚持自力更生与艰苦奋斗、坚持政府主导与全社会共同参与"的基本方针。《中国农村扶贫开发纲要（2001—2010 年）》提出新时期我国扶贫工作的奋斗目标是：尽快解决少数贫困人口温饱问题，进一步改善贫困地区的基本生活条件，巩固温饱成果，提高贫困人口的生活质量和综合素质，加强贫困乡村的基础设施建设，改善生态环境，逐步改变贫困地区经济、社会、文化的落后状况，为达到小康水平创造条件。同时，对扶贫工作的重点与瞄准对象做了重大调整：把低收入人口纳入扶贫对象；针对贫困人口分散化的特点，政府将 14.8 万个贫困村作为重点扶持对象，瞄准对象开始由贫困县向贫困村转移，扶贫资源实行重心下移，进村入户，瞄准到人；政府还通过制定和实施参与式村级扶贫规划，确定了以整村推进为主体、以产业扶贫和劳动力转移培训为翼的"一体两翼"扶贫开发战略。

2011 年我国出台了《中国农村扶贫开发纲要（2011—2020 年）》，制定的主要目标是到 2020 年，稳定实现扶贫对象不愁吃不愁穿，保障其义务教育、基本医疗和住房，简称"两不愁，三保障"。党的十八大以来，习近平总书记多次在贫困地区调研中提及"精准扶贫"思想，精准扶贫是习近平总书记在总结数十年扶贫工作经验、教训之上，根据我国贫困群体状况所提出的针对性措施。长期以来，扶贫中的低质、低效问题普遍存在，如贫困居民底数不清，扶贫对象常由基层干部"推估"扶贫资金"天女散花"，以至"年年扶贫年年贫"；重点县舍不得"脱贫摘帽"数字弄虚作假，挤占浪费国家扶贫资源；人情扶贫、关系扶贫，造成"应扶未扶、扶富不扶穷"等社会不公现象，甚至滋生腐败；另外，现行的扶贫政策制定存在缺陷，不少扶贫项目粗放漫灌，针对性不强，更多的是在扶农而不是扶贫。

二、中国式外源扶贫的实践情况

按照官方贫困线和收入指标估计，中国的农村贫困人口从 1978 年的 2.5 亿下降到 2007 年的 1478 万，总共减少了 2.35 亿，年均下降 9.3%。贫困发生率从 1978 年的 30.7%下降到 2007 年的 1.6%。按照世界银行的贫困标准计算，1981 年到 2004 年，贫困人口所占的比例从 65%下降到 10%，贫困人口的绝对数量从 6.52 亿降至 1.35 亿，5 亿多人摆脱了贫困，而全部发展中国家贫困人口的绝对数量从 15 亿减少到了 11 亿。然而中国式外源扶贫也存在着许多不好的现象。

（一）贫困人口融入程度不足，受益群体边缘化

贫困人口的融入度不足表现在两个方面。

一方面是精准扶贫的方针指导下，仍然存在扶贫对象识别上的偏离。不少的贫困研究者发现，在瞄准村以后我国的扶贫开发实践中仍然存在着较明显的瞄准目标偏离现象。例如，李小云等的研究发现，尽管我国的扶贫开发重点村的选择对贫困村有着较高的瞄准率，但不同类型的扶贫资金的使用在村级瞄准上仍有较大的差异性，而在村内依托项目进行的目标瞄准则出于捆绑条件等原因往往不能覆盖贫困群体的大多数。瞄准目标偏离对扶贫工作的影响主要在于会降低扶贫政策和项目实施的效率和有效性，从而直接导致政策和项目实施结果同预期目标相背离。精准扶贫工作机制对瞄准目标偏离的问题有针对性地提出精准识别贫困村和贫困农户，结合自上而下的建档立卡工作小组下乡录入加自下而上的村庄集体评选贫困户的组织方式，经申请评议、公示公告、抽检核查、信息录入等程序，试图建立科学系统性的贫困村和贫困户识别系统并对其进行信息化管理，以减少过往瞄准目标偏离的问题，提高瞄准的准确性。此外，对识别出来的贫困村和贫困户还将按周期进行动态调整管理，以克服以往瞄准目标静态、滞后的弱点。

另一方面，则是产业扶贫过程中，贫困人口受到人口素质、思想意

识、个人能力、权力成本、投入资金、信息吸纳、发展机遇等因素的影响，其真正参与产业扶贫工作的程度还比较低，也就是说，他们被排除在产业扶贫的受益群体之外。例如黔东南苗族侗族自治州雷山县西江千户苗寨景区，虽然景区的开发为整个村寨带来了翻天覆地的变化，但是也存在着不少的问题，如以政府为主导的旅游公司基本垄断了当地的餐饮、住宿以及歌舞表演等旅游经营活动，当地老百姓在景区的旅游开发和经营过程中没有话语权和决策权，同时也缺少参与景区旅游经营管理的机会，大部分离核心景区偏远的贫困人口的旅游利益被边缘化了，过去还时常出现当地群众因对旅游公司强烈不满而围堵景区大门的现象。与此同时，这些被边缘化的贫困人口却要承担旅游开发产生的环境污染、交通堵塞、生活干扰、物价水平上涨等带来的影响。

（二）产业盲目开发，缺乏吸引力

这一点在旅游产业扶贫中尤为突出。乡村旅游开发虽然对当地社会经济建设有一定作用，但是一定要注意结合当地的资源特色，尤其一些贫困地区并不具备开发条件的，或者具有资源但是不具备开发条件的贫困地区在开发前一定要做好决断和规划，避免导致"旅游造贫"的后果。从两村的发展现状看，都与当初的规划设想发生了一定的变化，尤其牛路村，其乡村旅游所打造和依托的簕山古渔村景区，本来是以古树、古村、古渔猎为特色兴建的景区，但是在开发多年之后，随着当地生态环境受到破坏，已经失去了特色。据统计，目前在簕山村约有新建和在建房屋约 40栋。这些新建建筑完全是现代钢筋水泥风格，与古渔村所营造的古朴氛围格格不入，而且部分建筑挤占村内古树林空间，甚至在施工过程中甚至损毁周边古树名木，对当地旅游长远发展造成了毁灭性的破坏。不重视对当地特色乡土之源与人文内涵的挖掘，一味地以旅游之名大肆建设千篇一律的农家游、农家乐等，旅游者乘兴而来败兴而归，难以做到可持续发展。

除了旅游产业扶贫，农业产业扶贫中也不乏此类现象的出现。陕北黄河沿岸土石山区是全国五大集中连片的红枣产区之一，是中国红枣原产中心的一部分。在新一轮扶贫开发的推动下，发展红枣产业成为陕北多地扶贫工作的主要选择。但并非所有地区都有红枣种植的适宜环境，只有一定范围内的土壤和气候条件才能种出个大、皮光、肉厚的红枣，这些优产区以外种出来的红枣则个小、皮涩、肉少，在市场上毫无竞争力。但在十多年间，却有不少非优势产区的贫困村被多次规划为红枣种植区，要"家家户户有枣园"。县政府虽然也做出对策，为种植红枣的贫困村村民进行财政上的补贴，每种植一亩红枣补贴 200 元，也得到了贫困村的响应，但扶贫结果却不尽如人意，非优势产区的红枣品质较差，贫困村又地处偏远交通不畅，导致红枣大量滞销。2015 年 10 月底，陕西某市林业局在红枣产销情况通报会上公开的数据显示，2015 年该市红枣种植面积为 170 万亩，产量达到 67.5 万吨，创历史最高水平。但截至当年 10 月底，红枣仅销售了 13.49 万吨，占全市红枣总量的 1/5，销售价格也从前几年的每斤 2 元多一度跌落到两三角钱。

（三）专业型人才匮乏

建设新农村的主体本应该是农民，但受比较收益的影响，大量优秀的农村人才不愿意务农，选择外出务工，造成大量的农村人才外流，使农村人力资本存量大幅度降低，阻碍农业科学技术的进步和推广，而西部贫困农村本来就先天不足，要得到整体跨越式的发展，除了政府加大支持投入外，就得转变农村发展方式，即主要靠农业科学技术、现代管理技术，这些技术的承接全靠农村有一定文化人才，而这些文化人才确因方方面面的原因被大量转移到城镇，造成农村人才真空，这使农村人力资本存量降低。巴中市中心支行调查统计科调查，外出务工人员，高中和中专文化及其以上占 23%，转移劳动力以技能化程度为主，靠吃"技术饭"的务工农民数量呈逐年上升趋势。这些优秀劳动力的转移使新农村建设主体缺位，会让新农村建设的战略部署无法实施，知识、技能、人力资本的缺乏严重制约了科技的发展，影响了科技的推广和应用，阻碍了新农村的建设。

长期二元经济结构和先工后农、先城后乡的指导思想，在我国形成了"城乡分治"的固定格局。国家所制定政策、法律、制度都向城市、工业、城镇居民集中倾斜。如存在不同的教育制度、存在不同社会保障、存在不同的户籍等，这在全球是少见的，这种格局限制了农村人口迁徙自由和公平就业权。这种"城乡分治"的后果也严重影响了城乡居民在享受公共物品的供给上的公平性。虽然近几年提出城乡统筹，为农村的制度歧视纠偏，但农业是一个弱势产业，农村是一个弱势群体，这种长期形成的观念很难在一时得到改变，这种现象在西部贫困山区更为普遍，改革成果没有得到公平的享用，严重影响了农民的正常生活秩序，减少了农民的实际收入，干扰了西部农村城市化的进程，西部贫困山区农村经济整体落后，交通不畅、信息闭塞，文化享受消费等生产性和生活性的公共物品严重缺乏等这些都损害了农民的合法利益，也成为农村人口大量外流的原因。此外，由于地方扶贫开发仍处于较低层次，所以各方面的专业人才都较为匮乏，大多数参与人员的文化素质不高，导致扶贫工作更加拒绝贫困人口参与管理与服务。

（四）联结机制不完善，无法整合扶贫资源

按照国家相关规定，脱贫任务不应该是政府内部某一部门的事情，而应该是政府各部门、乡镇、村民和企业等全社会共同参与，扶贫部门应该起到牵头作用。然而根据调查研究发现，在政策的实际运行过程中，地方执行扶贫政策存在着各种乱象，各主体的权责分工不明确，扶贫的联结机制仍然不够完善，扶贫机构在民族地区扶贫战略中的牵头作用并未凸显。例如，按照精准脱贫的要求，应当先要有民族地区旅游扶贫项目，然后再对民族地区旅游扶贫对象建档，最后下拨民族地区旅游扶贫资金。然而，从现有的有关民族地区扶贫地方法规和政策规定来看，扶贫部门并没有与民委和旅游部门形成协调的"驾车三马"，没有制定民族地区旅游扶贫协调操作办法。扶贫工作所涉及的面广，牵涉的部门多，程序也复杂，为了整合不同部门投入民族地区扶贫的资源，为了调动各部门的积极性，明确各部门的权责利，很有必要制定民族地区扶贫协调操作办法。

三、边际效应递减：中国式外源扶贫的现实瓶颈

边际递减效应是指在其他条件不变的情况下，如果一种投入要素连续地等量增加，增加到一定产值后，所提供的产品的增量就会下降，即可变要素的边际产量会递减。相比国际贫困标准而言，我国的贫困标准期偏低，从某种意义上来说，我国的贫困标准线只施一个较低的生存贫困标准。在低标准的脱贫指标约束下，这些农村脱贫人员遭遇大灾人祸、社会经济环境的波动又会很快地返回到贫困人队伍之中，一是这些农户往往住居在边远和自然条件恶劣地区，自身拥有的资源质量很低，致使其生产经营的边际效益较低；二是这些农村贫困地区的社会医疗卫生保障体系薄弱，导致农村贫困人口的抗风险能力很差；三是农村人口的自身综合素质和能力较弱，很难在生产生活条件没有得到根本改善的情况下，快速提高自身收入，完成一定的财富积累，改变陷入贫困的被动局面。据农村贫困监测报告显示，进入 21 世纪后，中国的农村扶贫成效明显下降，贫困人口减少的速度明显放缓，脱贫成本增加，出现了贫困刚性。1978 年至 1999 年的 21 年间，全国农村贫困人口平均每年减少约 1000 万人，此后减贫速度骤然变缓。2000 至 2008 年的 8 年间全国农村人口共减少 2200 万人，平均每年减少约 270 万，减贫速度不足 2000 年前的 1/3，甚至在 2003 年出现绝对贫困人口首次反弹的现象。2003 年全国有 1460 万绝对贫困人口脱贫，但同时又有 1540 万农村人口返贫，导致当年农村人口新增 80 万人。根据国家统计局资料显示，现存的农村贫困人口中，连续两年贫困的只占 1/3，有近 2/3 的农村贫困人口属于返贫，处在一种徘徊在贫困边缘的状态。

例如我国西部的贵州省，其农村人口主要分布在偏远的高寒山区和少数民族聚居区，这些地方耕地资源稀少，并且质量差、石漠化问题严重，自然灾害频发，社会基础设施落后。因此，贵州省每年有大量农户由于各种原因返贫。据调查，2009 年贵州省少数民族地区因病返贫人口占已脱

贫人数的10%以上，因子女受教育支出过大的返贫人口占已脱贫人数的5%。总之，在脱贫人口的自身抗风险能力难以提高和社会保障机制不健全的情况下，加上因病、因教育、因生、因灾等诱发因素的影响，必然导致我国扶贫工作的边际效应递减的现象。

此外，中国式外源扶贫的边际效应递减现象还体现在扶贫资金使用效益下降上。我国的扶贫资金主要来源于四个方面：银行贷款、财政拨款、以工代赈专项物资拨款、引进的外资。然而财政拨款的大部分都用在了贫困县财政补贴上，用于维持行政事业费开支和人员工资，也就是说，很大一部分的总扶贫资金没有形成直接的生产能力或增加农户的收入。当然这其中也有一定的原因，自从财政分灶吃饭，定死基数后，新增开支一律由地方负担，不仅增支由地方自负，而且在投资政策上又实行"配套投资"，无论什么项目均要由地方资金配套，致使贫困地区新上项目困难重重。加上为了加快贫困地区的经济开发，国家出台了一系列扶贫开发的优惠政策，包括无偿扶持、有偿扶持、税收减免各个方面，其中税收与财政"分灶吃饭"相矛盾，因减免税收压力多在地方，减免愈多，财政收入愈少，故常常因地方财政收不抵支而搁浅。穷县财政"分灶"后连维持正常的"人头"经费开支也有困难，根本没有配套投资的能力，只能更加依赖在扶贫补贴上。

从以上各方面的数据来看，虽然在过去中国式的扶贫创造了不菲的成绩，但也能看出由中国式外源扶贫所能获得的扶贫效用已逐渐饱和，一味地通过外力，单纯地采用补贴、外设产业等方式已不能最大程度增强贫困地区的脱贫动力。中国式外源扶贫进入了一个现实的瓶颈期，需要从其他角度出发，找寻更适宜的道路，以刺激扶贫进入新阶段。

第三章 民族地区地方政府贫困治理思维与结构

第一节 民族地区地方政府贫困治理的思维

一、地方政府贫困治理价值观

新中国成立后，国家不仅在经济建设等方面投入精力，对贫困治理事业也从不松懈，为了提高贫困治理的效率，把国家资金更精准地投入需要的地区，在 1988 年国家颁布了一批重点扶贫县对象，紧接着在 1994 年的"八七计划"中新增了一批贫困县名单。在 2001 年国家把国家贫困县的称呼改为"国家扶贫开发工作重点县"的同时，还进行了贫困县名单区域的调整——东部的 33 个重点县指标全部划给中西部；西藏自治区作为特殊的扶持区域，整体上享受重点县待遇，但不占用重点县指标。[①] 根据扶贫形势的需要，在 2012 年，国家再次进行国家扶贫开发工作重点县名单调整与公布，给予这些地区更多的优惠政策倾斜，给地区脱贫增添助力。正因国家对贫困治理事业推进的重视与投入，据 2019 年 10 月 12 日人民网消息，我国的农村贫困人口已经从 2013 年的 9899 万人，减少至 2018 年末的 1660 万人，832 个贫困县已有 436 个贫困县实现脱贫摘帽，而且，在过去的几年时间内，我国做到了每年保持 1200 万人以上的速度。在 2019 年年底，全国现行标准下的贫困人口 95%左右将实现脱贫，实现

---

① 数据转引自董铭胜：《〈中国经济周刊〉专访范小建——扶贫重点县调整：权力下放到省》，《中国经济周刊》2012 年 4 月 12 日。

摘帽的贫困县达到90%以上。① 以上数据是对我国党和国家带领全国人民在贫困事业艰辛奋斗的认可。但随着扶贫攻坚进入后半阶段，扶贫攻坚的实践证明，地区的贫困事业的治理不仅需要外部的帮助，找出自身内部的发展动力，对推进地区顺利脱贫越来越重要。与外部的条件助力相比，内因才是事物发展前进的最终动力。地区的贫困治理事业不仅依靠国家和其他地区支持这些外部的力量支持，更需要地区的自力更生，在正确的价值观引导下，有序地开展地区的贫困治理与地区发展工作。

地方的贫困治理价值观影响着地方政府的扶贫工作。党的十八大从国家、社会和个人三个层面提出了"富强、民主、文明、和谐""自由、平等、公正、法治""爱国、敬业、诚信、友善"的社会主义核心价值观。并且在十八届中央政治局第十三次集体学习中，习近平总书记强调，国家文化软实力的建设，其中，核心价值观是文化实力的灵魂和文化软实力建设的重点。对核心价值观的培养和弘扬，有利于社会意识的整合，有效帮助社会系统以正常运转和维护社会秩序，关系国家治理体系与治理能力的重要方面。地区的扶贫工作属于地区治理内容之一，同样需要正确的价值观引导。据有关中国地方政府社会治理绩效的研究指出，在民族地区的各省之间出现社会治理发展水平非常不平衡的现象的缘由包括地区价值观念等在内的多种因素造成。② 学者廖业扬和李丽萍也指出，乡村治理观的正确与否关系着乡村治理成效，乡村治理观的偏差将引发众多的社会问题。而处于乡村治理观核心地位的治理理念和价值观，更是影响和制约着治理体制、治理结构和治理方式。③ 地方治理价值观正确与否，关系着地区的建设力量凝聚，也关系着地区的发展。在地区的贫困治理中，政府不再只是独当一面，应贯彻国家社会主义核心价值观，明确国家的宏观调控与协

---

① 数据转引自牛镛、曹昆：《国务院扶贫办：预计年底95%的贫困人口脱贫》，《人民网——人民日报》2019年10月12日。

② 朱懿、韩勇：《中国地方政府社会治理绩效实证研究——基于民族和区域比较视角的第三方评估》，《华南师范大学学报》（社会科学版）2017年第6期。

③ 廖业扬、李丽萍：《乡村治理观偏差及其矫正论略》，《山西农业大学学报》（社会科学版）2015年第14期。

调、社会力量的积极加入与个人主观能动性发挥的角色和责任，充分发挥三方的力量，最终实现地区贫困治理有序进行。

地区贫困治理价值观的塑造，是如何将国家社会主义核心价值观与地区扶贫治理工作糅合的过程。学者王泽平认为在贫困治理过程中分三个层面：宏观层面上不仅要对地区"输血"，还强调"造血"功能，强化地区及人员的致富能力，做到物质脱贫和精神脱贫并进；中观层面上要规划与因地制宜相结合，扶贫过程中坚持公平、工作与互利共赢，和在政策支持情况下依法合规推进扶贫工作；微观层面上坚持个人、地区和国家发展相结合，借助外部机遇的同时也强调自力更生，勇于探索与尝试也要诚实守信。[①] 在扶贫事业方面，因伟大的中国共产党带领全国人民，发扬不断的根据形势而创新的精神，经过几十年的努力，我们取得了有目共睹的成就，对国家的发展，世界的减贫事业都做出了突出的贡献。国家对地区发展给予了大量的人力、物力、财力的支持，但是这并不代表，地区的发展就应该全部依靠上级的帮扶。在国家给予贫困地区大量的支持的情况下，少数地区贫困治理价值观出现了异化，面对贫困治理的难题，不是积极的从激发地区自身发展动力、探索科学治理方式等方法寻求出路，而是千方百计地想要依靠外部力量。实践证明以上的方式是不科学的。在新的扶贫形势下，地区应塑造正确的贫困治理价值观：处理地区贫困治理与外部帮助的关系时，应不仅是借助国家给予的优惠政策支持或其他地区的帮助，还需要学会自力更生；处理地区贫困治理中个人、社会与地区政府关系时，学会运用个人、社会与地区政府的合力，充分发挥个人和社会在地区扶贫治理中的作用，强调地区政府和社会对个人的帮扶，也需重视帮助个人自力更生。在融合个人、地区和国家的努力中，不断推进地区贫困治理事业进步，实现国家整体的发展与进步。

---

① 王泽平：《社会主义核心价值观视角下精准扶贫的逻辑内涵探讨》，《赤峰学院学报》（汉文哲学社会科学版）2018 年第 39 期。

二、地方政府贫困治理理念

2016 年在中共中央政治局的第三十次集体学习会议上，习近平总书记强调："新发展理念就是指挥棒、红绿灯。"早在党的十八届五中全会上，习近平总书记讲话中就鲜明地提出了包含创新、协调、绿色、开放、共享五个要素在内的新发展理念。地方政府的行政理念不仅是地方行政的指导思想，还和国家行政理念一脉相承。① 新的发展理念是整个国家层面发展把控时需要遵循的，地方政府在进行地区发展管理时更不可以违背。地方贫困治理过程中遵循五个发展理念，就要做到在地区发展方面的动力创新；在扶贫过程中注意贫困治理各个方面工作的协调、利益关系的平衡；在地区贫困治理过程中注意人与自然的和谐关系维护；在地区贫困治理发展上学会借助内外优势的利用与利用和处理好贫困治理过程中公平正义的维护。这些先进的行政理念能让地方政府获得正确的行动向导，但不恰当的行政理念也会对地方政府行动产生误导。因民族地区治理具有复杂性与特殊性，创新并真正地发挥民族地区社会治理理念的"润滑剂""调节器""安全阀"作用，和选择正确的治理路径十分重要。② 在地方的扶贫工作中，地方政府拥有正确的治理理念是至关重要的，但是往往因为某些原因造成地方政府的贫困治理理念出现异化。主要体现在地区贫困治理思想异化、地区贫困退出治理结果异化两个方面。

第一，地区贫困治理理念的异化让地区的扶贫过程中凸显急功近利的思想问题。思维是行动的向导，某些地方政府在扶贫过程中追求利益化、短期化。比如，在进行少数民族地区的旅游开发时，一味地追求经济的发展，而忽略少数民族文化，少数民族的器物、古迹等保护。并且有些学者调研发现，因受乡土社会的熟人社会特性和农民间的平均思想的影响。有

① 徐芳：《传统与现代：异质还是中和——多元视野下我国地方政府治理理念的选择》，《华北水利水电学院学报》（社会科学版）2013 年第 29 期。

② 周晓丽：《基于民族地区特殊性下的社会治理理念及路径》，《南京社会科学》2014 年第 11 期。

的村庄的贫困人口的确定并不是严格按照程序执行，而是以小组内部协商和小组间的指标平均分配的方式选定该村的最贫困农户。① 利用商量或平均的方式来确定贫困户的名额，缺乏程序的贫困户确认过程，在某种程度上减少了程序上的烦琐，但是也同样失去了严谨的科学性，合理性，最后需要帮助的人并不一定能获得帮助，使得贫困治理的效率降低。

第二，地区贫困退出治理结果的异化让脱贫结果具有暂时性问题。在共同政策的指导下，因为地区贫困治理理念的不同而导致出现不一样的结果。由于没有正确贫困治理理念的指引，有地区在贫困治理退出安排中，为了完成任务，在贫困户未能拥有持续脱贫的能力时，使用某些方式让贫困户实现临时性脱贫的现象。有研究指出，地区脱贫存在"被脱贫"和"数字脱贫"的现象。在选定阶段，村干部们进行贫困户的选定和时间优先序上有着自己的逻辑——进行不同类别的贫困户选定时，考虑的关键因素是能否保证完成当年脱贫指标，而非农户的多维度贫困状况。在退出判定阶段，脱贫户也是被动地接受安排，一旦签字确认退出，不管来年的收入状况如何，该贫困户的存档材料都已显示该贫困户已达到脱贫条件。② 根据需要完成的任务，而有条件的选择对象，或让对象临时性的满足条件而退出贫困机制，虽然暂时性地获得了数字上的成果，但并不能为全国的贫困治理做出有效贡献，还为地区治理将来埋下较大的风险隐患。

造成地方政府在扶贫过程中出现错误的治理理念主要原因如下：

首先，对地方政府"理性"的过度压抑所致。在治理制度变迁过程中，地方政府作为一个独立利益主体，与中央政府间存在着利益博弈关系。③ 同理在贫困治理过程中，作为单独的利益主体的地方政府拥有着自身的需求。因此，在贫困治理过程中我们不仅需要考虑被帮扶人的利益需

① 许汉泽、李小云：《"精准扶贫"的地方实践困境及乡土逻辑——以云南玉村实地调查为讨论中心》，《河北学刊》2016 年第 36 期。

② 高明：《乡村贫困退出治理异化及其原因探析——以黔西南 B 村为例》，《理论导刊》2019 年第 9 期。

③ 夏力、周玲：《制度分析视阈下中央与地方政府治理关系研究》，《中南民族大学学报》（人文社会科学版）2016 年第 36 期。

求，还需要考虑帮扶主体的利益，即切实考虑地方政府"理性人"的一面。① 考虑地方政府的适当的利益需求，是为了让地方政府能够更加深入地投入到地方贫困治理工作中的激励手段之一，减少地方政府私下为谋求自身利益而在扶贫工作中偷工减料等现象的出现。

其次，来自地方政府体制要求与社会公共需求脱节带来的压力。② 地方政府回应社会公共需求，需要财政、精力的投入，有些社会公共需求的满足更是需要较为漫长的一段时间才能见效。面对严格的自上而下的绩效考核与控制，让某些政府不得不进行有选择性的治理行动，在进行财政支出时，更偏向于那些能够短时期内，能够带来效益的项目。③ 比如为了应对考核，在进行地区治理时，选择新建各种高楼大厦或对房子进行粉刷装饰等，而对贫困人口的某些必要需求不进行回应，又或是选择大肆建造更多的高楼大厦等短期内可作为地方绩效考评加分项的设施，而选择忽略一些社会公共需求。

再次，是地方扶贫治理过程监督者的缺位。在地方政府的贫困治理过程中，社会组织、社会的群众等非政府力量参与到贫困治理的各个环节程度并不深，致使地方政府在贫困治理过程中自己是"指挥官"，又是"评审者"。虽然中央明确指出要发挥群众的作用，也有明确的从申请、到评议再到共识等精准识别程序，但是某些干部怕麻烦，采取"轮流坐庄"或优待亲属等别的方式，草草地对贫困指标进行分配。④ 这种"拍脑袋"的做法，很可能让需要帮助的人并没有得到扶持。并且大部分的贫困户可能因为自身知识文化水平有限或自身并不十分积极配合帮扶行动等其他因素，也容易给某些存在不良动机的人或部门提供通过自身的职务之便，借

① 张帆：《我国民族地区农村反贫困存在的问题研究》，《湖北民族学院学报》（哲学社会科学版）2011 年第 29 期。

② 冯斌：《基层政府"选择性治理"行为逻辑的政治经济分析》，《法制与社会》2010 年第17 期。

③ 朱天义、高莉娟：《选择性治理：精准扶贫中乡镇政权行动逻辑的组织分析》，《西南民族大学学报》（人文社科版）2017 年第 38 期。

④ 周梦冉：《参与式干预下扶贫"内卷化"问题研究》，《农村经济与科技》2018 年第 29期。

扶贫的口号为自身谋取不正当利益的可乘之机。

三、地方政府贫困治理方式

国家进行贫困治理时，前期主要是通过送钱送物的"输血式"扶贫方式帮助贫困人口，到现在遵循"授人以鱼不如授人以渔"规律而实施"造血式"的扶贫方式，使贫困人口、贫困地区获得贫困帮助后，顺利脱贫并能拥有持续、稳定的脱贫能力。经过几十年的贫困治理方式的探索，在 2015 年国家发布了精准扶贫十大工程：干部驻村帮扶、职业教育培训、扶贫小额信贷、易地扶贫搬迁、电商扶贫、旅游扶贫、光伏扶贫、构树扶贫、致富带头人创业培训、龙头企业带动，其中既包括了较为传统的方式，也囊括了新时代的新手段新方法，如电商扶贫。这些扶贫工程是国家给予全国各地区扶贫方式的指导，是各地区扶贫工作开展的指明灯。并且在 2019 年 1 月 14 日，国务院办公厅发布的《国务院办公厅关于深入开展消费扶贫助力打赢脱贫攻坚战的指导意见》国办发〔2018〕129 号文件规定：为更好地动员社会各界扩大贫困地区产品和服务消费，需要积极推动各级机关和国有企事业单位等起带头作用，并推动东西部地区间消费扶贫协作机制的建立，和动员民营企业等社会力量参与其中。积极推行消费扶贫，通过鼓励社会各界消费来自贫困地区和贫困人口的产品与服务，以达到帮助贫困人口增收脱贫的目的的一种扶贫方式。这种扶贫方式消费的产品与服务都与贫困地区的人口收益息息相关，能够极大地调动贫困人口的积极性，让其通过自身的努力劳动脱贫致富。

通过以上的扶贫政策不难发现，扶贫的方式越来越重视经济发展中贫困人口直接利益保护。在经济发展的同时，只有贫困人口也能直接受惠，其才能获得脱贫致富的能力。某些民族地区在进行扶贫方式落实的时候，显然忽略了贫困人口的直接利益保护。民族地区是少数民族的聚居地，相较于其他地区，保留着民族较为完整的各民族自身的风俗、文化古迹等，这是民族地区的一大优势，很多民族地区政府在地方贫困治理中推行旅游扶贫的贫困治理方式，打造民族品牌，获得地区经济发展和贫困人口脱贫的双赢效果。但地区的旅游开发并不能必然地带来扶贫效应。因地区旅游开发在促进经济增长的同时，因地区存在的旅游收益分配不合理、地区社区功能损失等原因，地区的居民甚至会陷入基本生活需求都无法得到满足的状态，以至于地区出现不同程度或类型的贫困人口。① 并且，罗盛锋和黄燕玲在进行滇桂黔石漠化生态旅游景区扶贫绩效研究指出，所选的龙胜各族自治县的龙脊梯田景区、三江侗族自治县的程阳八寨景区和巴马瑶族自治县的盘阳河风景区三个典型的地区中，虽然龙脊梯田景区的居民人均年收入比其他两个景区的都高，却存在着贫富差距较大的问题，也导致地区居民的经济感知绩效比不上另外两个地区。② 凸显出民族地区政府在落实旅游开发扶贫方式的过程中出现"马太效应"的问题。地区进行旅游开发扶贫，本意是帮助该地区的贫困者脱贫致富，但旅游开发扶贫的利益分配机制的不完善等原因存在，其带来的经济效益的最终受益方不仅不是地区的需要帮扶的人群，反而使他们陷入更加困难的状态，也增加了帮助人群脱贫的工作难度。

再者，在最后攻坚克难阶段想要啃下这块"硬骨头"，地区进行贫困治理方式应当注重贫困户自身发展能力的培养和自身发展动力的激发，只有这样贫困户才能实现持续的脱贫。应当下的扶贫形势的需要，我们构建了一个由反贫困命运共同主体和反贫困命运共同环境构成的反贫困命运共同体。它集齐政府、市场主体、社会组织、居民个人、贫困对象自身等主体于一体。在这里贫困户不再是简单的参与者，而是拥有自身职责的主要的贫困治理主体之一，对贫困户而言，构建反贫困命运共同体就要提高贫困户的素质和自我发展能力。③ 但是，在现实的扶贫过程中，存在地区为

---

① 李耀锋：《需求、资源与能力：旅游开发致贫效应的机理分析——基于赣琼两个旅游村的实地调研》，《学术论坛》2015 年第 38 期。

② 罗盛锋、黄燕玲：《滇桂黔石漠化生态旅游景区扶贫绩效评价》，《社会科学家》2015 年第 9 期。

③ 雷明：《从多元治理走向全元治理——兼论反贫困命运共同体构建》，《石河子大学学报》（哲学社会科学版）2019 年第 33 期。

了完成任务，一味地追求减贫速度，获得数字脱贫的贫困治理方式，比如，为了在规定脱贫时间内，完成一定的脱贫任务量，地区会着重给予贫困户各种优惠政策，如贫困户只要登记名字在某个合作社下，就可以每年获得一定的分红，但贫困户并没有以任何形式加入合作社中。这种方式在一定程度上缓解了贫困户经济上的困境，也让贫困户自身暂时脱离贫困的困境，但是，一旦贫困户与合作社的签约时间到期，那么少了合作社的定期分红，该农户又将以什么方式谋生，并保持自身不再陷入贫困的状态。若是，贫困户自身通过其他治理主体的帮扶，拥有自力更生的生存发展能力，之后就算独立自主谋生，其再次陷入贫困困境的概率也会大大地降低。

井冈山：不让一个困难群众掉队①

经国务院扶贫开发领导小组评估并经江西省政府批准，2017 年 2 月 26 日，江西省井冈山市正式宣布在全国率先脱贫摘帽。截至 2016 年年底，井冈山市贫困发生率降至 1.6%，是我国贫困退出机制建立后首个脱贫"摘帽"的贫困县。

组织保障网，不让一个困难群众掉队

在井冈山的扶贫中，克服重重困难，做到不让一个困难群众掉队，更是针对每个群众的情况给予了对应的帮扶措施，有效地帮助困难群众顺利脱贫：

在贫困户住房补助方面，井冈山有拆旧建新、移民搬迁、除险加固、政府代建 4 种补助方式，确保"不让一个贫困群众在危旧土坯房里奔小康"的目标。身处贫困村——鹅岭乡塘南的五保户老人龙群芳一家，享受了当地政府的建房补贴，国家补助了 2.4 万元，自己出了 3 万元就住上了新居。另外，井冈山还统筹资金 5000 余万元，用于补助"两红"子女（红军烈属和红军后代）、贫困户和五保户等不同对象。在原有补助标准基础上，还

---

① 数据转引自赖永峰、刘兴、魏永刚：《让老区群众生活更美好——江西井冈山脱贫攻坚纪实》，《经济日报》2017 年 2 月 27 日。

根据实际情况，分别给予 5000—10000 元不等的帮扶资金。上年以来，井冈山投入安居扶贫资金近 8000 万元，解决了 6708 户群众的住房难题。

针对因病因残致贫在贫困户中占较大比例的现象。井冈山市提出，要把特别贫困的群众"保起来"。他们在落实国家普惠性社会保障政策基础上，由市本级财政掏钱，叠加实施相应的差异性保障政策，扩大覆盖面，提高扶持标准，确保这部分群众收入年年有增加。家在古城镇沃壤村的贫困户张德林，户主张德林和妻子都是天生残疾，生产生活能力差。全家四口人，两个儿子一个读初中、一个读小学。在当地政府的帮扶下，他们一家住进了三室一厅的新房子。并且，根据这家的情况，村委会还给张德林和妻子两人安排在了村组公益性岗位，负责村里的卫生打扫，夫妻两人每月有 1800 元收入。另外，张德林还在古城镇党委有关同志的帮助下，在附近的家具厂找了一份涂油漆的工作，每月可领取 2000 元工资。让贫苦户有自力更生的机会，解决了这个家庭没有固定经济来源的问题。井冈山全市开发出 857 个村组公益岗位，还整合生态保护扶贫涉林岗位 470 个，都用来帮助贫困户就业。

另外一个因病致贫的家庭是家在茅坪乡坝上村的肖富民。该贫苦户因为 31 岁的女儿生病成了贫困户。因患者 3 年前患上尿毒症，每周都得透析两次，一年下来，医药费高达两万多元。井冈山实施健康扶贫工程，全市构建起新农合、大病医保和疾病应急救助"三道防线"。肖富民在享受该政策后，自家两万多元医药费，经救助后需要自己支付的费用不到 8000 元。政府在帮助他们缓解大部分的医疗费用压力的同时，还帮助建立这个家庭的经济来源，让这个家庭成员参加村里的"农家乐"，接待"红军一日"活动的游客，在 2016 年家庭收入超过 16000 元。

井冈山对扶贫对象精准施策，有能力的"扶起来"，扶不了的"带起来"，带不了的"保起来""住不了"的"建起来"。井冈山靠织密制度的网来兑现"不让一个贫困群众掉队"的承诺。贫困户人均纯收入由 2013 年的 2600 元，增长到 4500 元以上。

积极发展产业，赋予贫困户脱贫能力

脱贫攻坚，产业是根，专业合作社就像这"根"上的藤，紧紧地把贫困户连接在产业链条上。井冈山市新增产业扶贫合作社 209 个，实现了贫困户入社率 100%。

井冈山扶贫产业发展的重点是打造 20 万亩茶叶、30 万亩毛竹和 10 万亩果业种植加工基地。他们在脱贫攻坚中实现每个乡镇有一个一定规模的产业示范基地，每个村有一个产业合作社，每户贫困户有一个增收项目。在根据贫困程度，把特别贫困的列为红卡户，一般贫困的列为蓝卡户的基础上，由市里给予每一类贫困户不同等次的产业发展帮扶资金：红卡户一万元，蓝卡户五千元。红卡户的资金放入银行，每个人红户每年能有固定收入 1500 元，蓝卡户可以凭自己能力利用发展帮扶自己发展产业，也可以选择以入股形式投入合作社，每年有 750 元左右的收入。

以种养为主的专业合作组织成为贫困户脱贫的一种有效方式。对那些缺乏劳动能力、难以自我发展的贫困户，政府帮助他们以产业扶贫资金入股，引导当地龙头企业、农民专业合作社和致富能手发展多种农业产业，带着贫困户共享产业发展成果。在帮扶政策大力支持下，红军烈士后代陈玉高回乡创业，建立起一个黄桃合作社，入股贫困户涉及茅坪、大陇、葛田等乡镇。东上乡曲江村的张正明，领办合作社吸收了曲江村和周边的桥头、莆陇、虎爪坪 4 个村的 83 户蓝卡户入股。又如，新城镇金源村贫困户尹祥生，尹祥生联合村里 5 个贫困户办一个养鸭合作社，养了 2000 多只鸭子。半年就给贫困户每户分红 1200 元。他说："过去成立合作社，自己没有钱，村里人也不相信我。现在，有了资金支持，我信心足了，大家也对我有了信心。"因井冈山对具备一定创业条件的贫困劳动力进行免费创业培训和指导，已经扶持带动了 43 名贫困对象自主创业或参与创业。

第二节 民族地区地方政府贫困治理的结构

一、民族地区地方政府的贫困治理赋权

随着贫困治理的持续展开，相对贫困逐渐取代绝对贫困成为主要的贫困类型，不同于绝对贫困类型的是，相对贫困人群更多的是因不能享受优质的公共服务，而丧失了获取公平发展的机会。所以，在贫困治理中应当加深对这类人群能力与权利贫困的认识。[①] 贫困治理主体结构多元化、层次化的背景下，基层组织、社会组织等都逐渐被赋予更多权力与职责，而对贫困人口的赋权还有待加强。贫困人口能力和权利的获得都是属于"赋权"的一种类型。约翰·弗里德曼指出，单字"权"带有威胁性的意味，也可以把"权"理解为其良性的含义，仅仅指能力的意思。并且，其根据褫权理论是指贫困者为争取自身基本需求而进行自我组织和政治斗争的奋斗过程含义，可以把"贫困"理解为褫权的一种形式，而解决贫困需要通过集体的自我赋权来争取。而褫权与贫困联系起来，包含相互区别又相互依存的三个方面：首先，是指相对于其他人，贫困者无法获得生计所必需的资源——社会的褫权；其次，是指贫困者在政治上，没有明确的纲领和发言权——政治的褫权；最后，是贫困者自身觉得毫无价值而选择消极屈服于权威——心理方面的褫权。[②] 基于以上可知，贫困者陷入贫困是

---

① 陈会方、朱平华：《西部民族地区农村贫困特征与治理转型》，《学术论坛》2016 年第 39 期。

② ［美］约翰·弗里德曼：《再思贫困：赋权与公民权》，《国际社会科学杂志》（中文版）1997 年第 2 期。

因为自身能力的被剥夺，所以要对贫困者进行"赋权"，即通过贫困者能够获得足够的自身生计所需的资源、政治权利得到保证和自身参与觉悟提高等方式，帮助其脱贫。另有学者勒继东和潘洪阳结合中国的贫困治理现实，进行了贫困与赋权的研究指出，从"褫权"的意义出发，贫困者之所以贫困，其无法获得其他人可以获得的资源是一个原因，但更是因为其在政治上，自身利益诉求的行动权利没有得到表达和实现。因而要对贫困者进行"赋权"。而在新时期的中国贫困治理中，资源禀赋等自然原因仍然是造成贫困以及治理困难的重要因素，但社会的、政策的等体制性与机制性因素正在成为贫困问题的关键因素，这是新的贫困治理趋势。制度层面的改革与创新应成当前中国贫困治理的着眼点。[①] 在这里贫困是因为"权利"的丧失。我国民族地区按省区来分，除了包括内蒙古、宁夏、新疆、西藏、广西五个少数民族自治区外，还包括云南、贵州和青海等。[②] 这些民族地区都位于我国中西部，地区居民自我发展的能力还有待挖掘。所以要对贫困者进行"赋权"，把参与的权利、表达的权利等给予贫困者，让贫困者能够积极、顺利的表达自身的利益诉求，充分发挥其贫困治理的主体作用，保证落地政策切实符合贫困者的需求，也可以对其他贫困治理主体的行为起到监督作用。但是，这也是往往被忽略的一个方面，据有关研究发现，在实际的扶贫过程中，仍然存在弱势群体的安全保障不足和自身利益表达困难的被边缘化现象。[③] 在我国，城市与农村之间，后者仍是贫困治理的主要战场。与城市完善的管理制度、良好的基础设施、发达的交通等相比，农村地区的管理制度有待完善、基础设施建设也有待加强等，这在一定程度上，影响贫困治理过程中农村居民自身利益表达。利益表达机制的不完善，导致居民利益表达受阻，而居民自身文化水平能力不足，也会影响自身的利益表达等，可以看到，地区在进行贫困治理过程

---

①　靳继东、潘洪阳：《贫困与赋权：基于公民身份的贫困治理制度机理探析》，《吉林大学社会科学学报》2012 年第 52 期。

②　李敦祥、王兴中、于世海：《民族地区经济追赶中优势叠加与冲突：机理、效应及应对机制》，经济管理出版社 2017 年版，第 ⅰ 页。

③　袁赛：《农村弱势群体贫困情况的现状和思考》，《农村经济与科技》2017 年第 28 期。

中，居民表达权利得不到保障的原因，有地方政府不注重构建完善民意接收机制等原因，也有因为群体自身的认知能力水平不足等原因。

贫困者的"赋权"主要是包括两个方面：一方面是赋予贫困者发展能力，一方面是赋予贫困者表达权利。这两者是相互区别又相互联系的。贫困者被赋予能力的前提是，自身的需求能够被精准的识别，而赋予贫困者表达权利，则能够收集、感知贫困者最需要的帮助方面，从而制定更精准的帮助方式。赋予贫困者能力，则可以让贫困者更准确地表达自身的需求，行使自身的表达权利。

二、民族地区地方贫困治理制度架构

就目前而言，在我国的地方政府社会治理中，存在着"正式制度"与"非正式制度"的双重缺失的问题。[①] 在地方的贫困治理中"正式制度"的缺失具体表现为政府扶贫工作的"失灵"。据报道，2013 年 12 月 28 日国家审计署公布了当年的 4 月和 5 月对在国家扶贫开发工作重点县内的 19 个县进行 2010—2012 年期间，地方政府对所获的财政扶贫资金的分配、管理和使用情况进行检查的结果。通过这次的检查发现，虽然地方扶贫取得一定成果，但是存在着扶贫资金或扶贫贷款的虚报冒领、扶贫资金被挤占挪用、扶贫资金管理和使用不规范、扶贫项目效益低、扶贫资金闲置五大问题。19 个被抽检的县，有 17 个县通过各种骗取途径骗取的扶贫资金总额超过 2150 万元，还有 11 个县有贪污侵占问题出现。在 2015 年 10 月 8 日，国家审计署对全国多个地方民生政策贯彻落实不到位的现象进行通报，其中广西马山县查出有 3119 人并不符合享受贫困帮扶的条件，这三千多人中有 343 人属于财政供养人员，还有 2452 人购买有 2645 辆汽车，43 人还在县城购置商品房或自建住房，和 439 人从事个体经营或经营公司。"要加强对权力运行的制约和监督，把权力关进制度的笼子

---

① 范逢春：《地方政府社会治理：正式制度与非正式制度》，《甘肃社会科学》2015 年第 3 期。

里。"这是在党的十八届中央纪委二次全会上习近平总书记提到的。国家的贫困治理中政策的落实不到位，与地方政府在贫困治理中正式制度的缺陷有着重要的联系，如缺乏明确的办事程序，为办事人员偷工减料留下空子，缺乏明确的职责规定，为办事推诿留下借口等。可见，缺少了贫困治理正式制度的"笼子"，权力得不到有效约束，进行贫困治理反而会加剧社会矛盾。

民族地区地方政府贫困治理中"非正式制度"的缺失，表现为地方政府在贫困治理过程中不注重对村庄中民族风俗、文化传统、乡约民规等充分利用。重视民族地区的"非正式制度"在贫困治理过程中作用的发挥，主要有两方面原因。第一，先于地方正式制度存在的非正式制度，不仅可以帮助维持社会秩序，还因提倡诚信、团结互助等，在民族地区的社会治理中可以凝聚居民，共同攻克贫困治理过程中的困难，并作为地区正式制度的补充，帮助渗透到广大居民中，宣传中央与地方的政策和及时了解、发现居民的实际需求。第二是因为贫困治理过程中"治理型贫困"的出现。就微观层面讲，主要是指政府的贫困治理干预行为本身造成的困境。①"治理型贫困"的出现，并不是因为地区政府的"不作为"，而是因为地方政府的"作为"过度出现。因信息失灵、官僚主义等原因而导致的政府失灵现象也会出现在地区的贫困治理中，表现为"扶贫致贫""瞄准偏离"等。说明政府不是万能的，在社会治理的过程中既需要来自正式制度的约束，也需要来自非正式制度的辅助。

三、政府强主导下单一治理格局

在 2018 年 6 月中旬，中共中央发布的《国务院关于打赢脱贫攻坚战三年行动的指导意见》中关于贫困治理中社会帮扶力量的主体规定：贫困治理的社会帮扶主体是多元化的。除做好地区自身定点帮扶工作的深入开

---

① 许汉泽：《贫困治理转型与"治理型贫困"的兴起——以滇南南县调查为讨论中心》，《中国延安干部学院学报》2016 年第 9 期。

展外，还可通过东西部扶贫协作与对口支援、军队帮扶、各类企业与社会组织和扶贫志愿服务活动等方式的运用进行地方的贫困治理。体现中央鼓励地方政府在贫困治理过程中，充分利用来自发达地区、驻地军队、各类企业和社会组织、社会各界人士提供的贫困治理帮扶的指导。发达地区的贫困帮扶协助，不仅能带给被帮扶地区贫困治理的资金、技术，还可提供就业帮扶，让部分贫困地区人口通过帮扶，获得就业机会。各类企业和社会组织的参与扶贫，可为地区贫困治理带来部分领域更专业化、更有效率的帮助，而社会各界人士通过志愿活动参与到地区扶贫治理中，是国家上下团结一心打赢脱贫攻坚战的决心体现。据有关研究指出，在我国的西部民族地区农村贫困治理中，因受各种因素的影响，地区的贫困治理仍然大部分沿袭着政府占据主导功能，甚至呈现出一元治理特征的传统农村治理模式。① 地方政府在地方贫困治理中的主体地位是毋庸置疑的，但单一的政府贫困治理格局却会让政府自身的治理压力加大，也会出现因治理而形成困境。具体表现为地方政府对贫困治理财政的投入不足与监管不力导致扶贫资金运用不当，在扶贫政策实施过程中，利用扶贫资源进行腐败寻租等自立性行为而导致反贫困的失效和扶贫信息传递机制的僵硬与信息失灵问题的出现。② 贫困治理中单一的政府主导格局并不能满足新时期的扶贫多样化的需求，社会还会因职权过于集中而出现一系列问题，所以在贫困治理过程中构建多元化的贫困治理主体模式势在必行。

第三节 民族地区贫困治理思维与结构

一、民族地区地方贫困治理思维存在的扶贫误区

民族地区贫困治理中出现反贫困失效的现象，主要存在三个方面的贫

---

① 陈会方、朱平华：《西部民族地区农村贫困特征与治理转型》，《学术论坛》2016 年第 39 期。

② 柳颖：《民族地区农村反贫困中的政府责任建设》，《行政管理改革》2017 年第 9 期。

困治理思维误区。

第一，地区经济发展得又快又好，则地区一定有利于帮助贫困人口脱贫的思想误区。扶贫的实践也证明，扶贫的前期工作加强地区经济的发展，可以给地区人口的脱贫工作带来正面影响。但随着贫困治理更进一步，地区经济的发展所带来的减贫边际效应正出现明显的下降，无论是经济发展所影响的人口减贫效应，还是经济发展对区域自我脱贫功能的作用，都在逐渐消失殆尽。而经济增长与缓解贫困之间虽是正相关关系，却又不是简单的线性关系。[1] 不仅如此，经济增长带来的减贫效应的正面作用在逐渐下降的同时，其快速增长所带来的负面影响正逐渐呈现。民族地区一般蕴含着丰富的矿产资源，资源开发是地区发展的重要路径之一。有研究指出，在新疆能源经济发展中，不仅存在能源利用率低和环境破坏严重的问题，因能源开发市场化、开发方式多样化原因，开发者、资源地政府和资源地居民间的能源利益分配不均问题处理至关重要。[2] 地区的发展不能使地区居民受惠，那么将会使地区居民发展滞后，甚至与社会脱节。学者任军以内蒙古为例研究民族地区工业化阶段消费率持续下降的原因指出，在初次收入分配中，内蒙古的社会收入是向着越来越有利于资本而不是劳动者的方向倾斜。就政府财政总收入与居民可支配收入两者在地方总财政收入的占比情况对比时，发现在收入再分配的环节后，与政府收入占比继续提高相反，居民收入占比继续下降。并且内蒙古的城镇居民与农牧民两者的收入差距也在拉大，农牧民处于不利一方。[3] 可以看到，民族地区的经济快速发展，并不意味着地区居民都能获得同样的情况改善。若不注重收入分配结构的合理调节，与地区城乡居民收入差距的缩小，处于不利地位的居民处境不仅不会得到改善，甚至其面临的困境更为严峻，自身

---

[1] 胡振光、向德平：《精准扶贫的政策建构及演化逻辑》，《西南民族大学学报》（人文社科版）2018年第39期。

[2] 唐勇、崔耀升：《新疆能源经济发展现状、问题及对策研究》，《"一带一路"倡议与民族地区发展》，经济管理出版社2018年版，第415页。

[3] 任军：《民族地区工业化阶段消费率变化实证研究》，经济科学出版社2017年版，第78—83页。

的发展能力也被再次削弱。

第二，地区的发展与地区的贫困治理之间是负相关关系。进行地区的贫困治理需要极大的财政投入、地区人力、物力的投入等，拖累地区发展进步的节奏。地方贫困治理思维一旦出现异化，在实际的贫困治理中则会出现地方政府对国家贫困政策的阳奉阴违的做法。比如有些地方在地区的发展观方面陷入了"发展主义"的思维方式。[①] 在地区的社会治理上，一味地追求地区的 GDP 增长，而忽略了地区其他方面的治理。这样导致的结果是，地区的经济虽然发展了，但是其他方面的发展建设却跟不上经济增长的步伐，成为地区整体的发展短板。就地区的贫困治理和地区整体发展关系而言，应该是相辅相成的，虽然地区进行贫困治理需要分化出地方政府的一部分财力、物力和人力等，但是一旦贫困治理工作落实有效，那么地方的贫困治理将不再是地区整体发展的"短板"，而应是地区整体发展更上一层楼的辅助力。

第三，照搬别的地区的成功贫困治理经验就一定能取得地区贫困治理成功。表现为扶贫缺乏创新思维和可持续性的追求，即在扶贫项目上各个地区的重复粘贴式照搬，扶贫方式选择的急功近利。例如在扶贫方式方面，民族地区因为拥有较为悠久的民族历史、深厚的民族文化，又因地理位置等原因地区内历史遗留下来的房屋、器物等都保存比较完善，具有较高的旅游开发价值。民族地区积极发展现代旅游产业，通过带动地区经济发展，带领参与到旅游开发中的居民脱贫致富。开发地区旅游资源的方式妥善，能带动地区经济的发展，但对该地区居民的脱贫影响还有待斟酌。有研究指出旅游开发能给地区带来正面影响，但也存在负面影响。因为地区的旅游开发政策与制度的不完善、旅游管理模式与利益分配机制的不合理、社会工作与社会组织等社会力量的缺位和旅游地的快速市场化与人口流动等因素存在，导致扶贫致贫的现象出现。[②] 可见，若进行旅游发展扶

---

① 廖业扬、李丽萍：《乡村治理观偏差及其矫正论略》，《山西农业大学学报》（社会科学版）2015 年第 14 期。

② 李耀锋：《需求、资源与能力：旅游开发致贫效应的机理分析——基于赣琼两个旅游村的实地调研》，《学术论坛》2015 年第 38 期。

贫中没有实现地区发展与个人发展的紧密联系在一起，那么旅游发展带动地区发展，却并不总能带给个人效益的增长。并且，因为盲目的照搬模式与极力地追求快速现代化，导致民族地区的环境保护问题、民族文化保护问题等没有得到足够的重视，地区出现环境破坏、民族文化遗失、民族古迹商业化严重等问题。就一个地区发展来看，无疑是"杀鸡取卵"，是不可持续的。

二、民族地区地方贫困治理结构存在的扶贫误区

社会组织是我国社会治理的一个重要主体，更是我国贫困治理的重要主体之一。贫困治理的实践告诉我们，社会组织力量的引入，其带来的技术、专业化帮助，能更有效地帮助贫困者脱贫。而政府在充分发挥社会资源作用的情况下，不仅可集中更多的精力做好职责内的事务，还可获得较好的贫困治理效果。但是目前在贫困治理中，民族地区政府治理对社会组织力量的引入存在两点不足之处：

首先，忽略地区政府与社会组织力量之间伙伴关系的建立。在贫困治理中，为发挥政府与社会组织两者的最大治理效能，两者不能只是建立后者与前者从属性的合作关系，而是建立以平等对话、权责明确、和谐为标准的伙伴关系。[①] 在之前提倡的合作关系中，主要是"强政府弱社会"的模式，因信息不对称、权责不清晰等问题的存在，社会组织仍然处于比较被动的地位，自身的积极性与创新性不能充分发挥。建立政府与社会组织两者之间的伙伴关系，是追求在双方平等、权责明确与和谐的基础上，双方共同协商对话，利用各自的优势互相配合，寻求共同治理的最大效益。

其次，忽略地区的少数民族的传统社会组织的引入与利用。作为少数民族乡村治理的重要地方组织资源和乡土根基的少数民族传统社会组织，

---

① 刘风、向德平：《贫困治理中政府与社会组织关系的变迁及走向》，《中国农业大学学报》（社会科学版）2017 年第 34 期。

在国家的治理现代化转型中具有不可忽视的作用。① 来自民间的传统社会组织是地缘、血缘、宗族等集一体的社会组织，和深深扎根于社区中的社会组织，拥有较广泛的社会关系网络资源，是民族认同体的首要载体，具有较高动员性，是应对传统民族社区治理现代化难题的有力推手。② 相较于其他治理主体，民间的传统社会组织具有熟知该地居民风俗习惯，和在居民中价值认同感高等优势，是帮助宣传贫困治理政策、信息宣传与收集等一把好手。但这类社会组织的作用并没有被充分的利用，一是因为随着时代的变迁与外来文化的冲击，和地区人口流动性大等，地区的熟人社会的逐渐瓦解，地区的传统文化传承受阻，二是区别于其他的社会组织，乡村的传统社会组织中有部分是经过官方认可进行登记的，还有部分没有进行登记只是客观存在于民族社会中继续发挥着作用，得不到"合法性"的认可的社会组织，更多的是继续发挥自身传统作用，而甚少参与地区的贫困治理过程中。

贫困治理的另外一个重要主体是贫困者自身。在"十三五"脱贫攻坚规划中，为更好激发贫困地区的内生动力，国家做出了在脱贫攻坚过程中，坚持群众内生动力活力的激发原则的工作指示。通过"坚持群众的主体地位""保障贫困人口平等参与、平等发展权利""发扬自强自立精神""依靠自身努力"等字眼，突出要充分重视与激发贫困人口自身的发展能力的重要性，贫困人口不再是"被动"的一方，而是通过在政府或社会力量的帮助下，获得自身发展能力并积极地参与改变自身处境的脱贫攻坚过程中，为自己的脱贫付出自身的努力。并且为顺应全球治理模式的革新、国家贫困治理体系的完善和贫困治理绩效的提升与贫困结构和帮扶需求多样化变动性的时代需求的满足，脱贫攻坚中引入多元主体进行协同治

---

① 周丹丹：《少数民族乡村治理中的传统社会组织研究——以侗族寨老组织为例》，《江淮论坛》2016 年第 6 期。

② 张志泽、高永久：《传统民族社区治理现代化视阈下的社会组织发展》，《贵州民族研究》2016 年第 37 期。

理是必然的选择与趋势。① 贫困者自身作为地区贫困治理主体之一，地区政府应注重贫困者发展自身能力的赋予，给贫困者提供训练、培训等，激发贫困者自身的发展动力，实现贫困人口的内生动力牵引的脱贫方式。

在贫困治理过程中，进行贫困者自身发展动力的激发，是总结当下扶贫形势需要和追求贫困者的可持续发展的需要。当下的扶贫形式中存在着"争当贫困户"的不正确价值观，有部分的原因是"输血式"的扶贫方式下，部分人养成了"等靠要"的思想，还有部分人也产生了不平衡的心理。区别于网络信息技术不发达的年代，群众都能或多或少地接触到社会上的一些信息，对社会的发展情况有一定的了解，但是有部分群众又因为自身的认知水平等原因，在不是很了解的情况下，容易进行一些比较激进的活动。如国家为了把资源用在真正需要帮助的人身上，国家建立了贫困退出机制，有小部分人不一定能够理解。在 2019 年某官网上发布了一则，某男子因自身没有被评为贫困户进行滋事，对当地的脱贫攻坚工作人员进行侮辱、污蔑。经过脱贫攻坚驻村人员和干部的多次入户调查，该名男子并不符合纳入精准扶贫贫困户的申请条件。男子只因不满自身不能当"贫困户"而产生不平衡心理。这种因过去享受了扶贫政策带来的好处，逐渐产生"贫困利好"的心理依赖，并最终将贫困视为必要生活资源，属于"贫困依赖"人群②。国家和地区对贫困人口长久的关怀与帮助，在较大程度上顺利地帮助了大部分人顺利脱贫，但是有少部分人却为何停滞不前，其中很大的原因是这部分被帮扶人自身价值观出现异化，养成"等靠要"的习惯。实践证明，过度依赖国家、社会或他人，并不能真正的帮助贫困者，也严重地牵制这地区整体发展的步伐。所以，地区政府进行扶贫治理过程中，应注意个人持续脱贫能力的培养和个人自力更生的人生价值观的宣扬。

① 龚晨：《脱贫攻坚中多元主体协同治理的必然与机制构建》，《云南社会主义学院学报》2017 年第 2 期。

② 吴楠：《"价值观脱贫"应成为"精准扶贫"的长期追求——来自湖南省部分地区的调查与思考》，《湖南行政学院学报》2018 年第 5 期。

三、民族地区地方贫困治理思维与结构的转变

国家已经迈入脱贫攻坚的最后关键阶段，作为扶贫开发工作重点区域的民族地区的贫困治理工作的展开应更科学化，进而要做好以下几个方面的工作：

第一，密切地区发展与居民发展的联系关系。地区的发展是地区贫困治理工作有力保障之一，但随着经济发展带来的减贫效应的下降，民族地区在贫困治理中应注重挖掘地区内源性的脱贫动力。对于国家发展与人民的关系，国家做出发展应坚持"发展为了人民、发展依靠人民和发展成果由人民共享"的共享发展理念的指示。地区贫困治理的过程中，只有地区的发展，并不是真正的发展，应强调地区发展的集成思维，把地区发展和地区居民发展看作一个整体，全力做好地区的发展与地区居民发展齐头并进的工作。在过去的"输血式"的贫困帮扶政策下，一部分人顺利脱贫，但也有部分人养成了"等靠要"的伸手习惯，甚至最后演变成"争当贫困户"的做法。当下"造血式"扶贫，更强调给予贫困者发展的能力，实现贫困者在地区的发展过程中，通过帮助主体，获得自身生存发展能力，并通过自身勤奋努力实现脱贫致富。强调既保证了贫困者积极参与贫困治理过程，也实现贫困者在脱贫后能自力更生的持续性脱贫的目标，减少地区的返贫情况出现，实现地区发展与居民发展的双赢。并且，密切地区发展与居民发展的联系关系，有利于缓解地区社会发展矛盾，防止因社会分配结构等制度不完善，致使地区贫困治理出现富者愈富，穷者愈穷的"马太效应"。

第二，创新地区贫困治理思维，追求地区和谐可持续发展。解决问题的关键是具体问题具体分析，各民族地区的贫困治理事业在某些方面存在着一定共性，如面对的对象是各少数民族等。但因地区的发展水平、人口素质等方面的不同，各个地区采取的贫困治理措施也因有所不同。意味着一项扶贫方法在某个地区取得的成果，并不代表该项扶贫方法在任何地区

都可以适用。创新地区贫困治理思维，（1）防止地区陷入"发展主义"思维。部分地区在进行贫困治理过程中陷入"发展主义"的思维误区，在追赶、模仿别的地区贫困治理经验过程中，一味地追求 GDP 的增长，忽略了地区其他方面的建设，使政策与实际相脱离。地区积极进行实地调查，根据地区实际制定出更为贴合现实治理要求的方法。（2），培养地方干部、工作人员等人员的地区发展大局观。培养地区人员的地区发展大局观，预防因目光短浅、追求眼前的利益，忽略地区长期发展的需求。（3），落实地区可持续发展观的指导政策。民族地区多位于生态脆弱地区，易破坏难恢复甚至不可恢复的环境特点，是环境保护，是地区资源开发、扶贫项目落地等，需要重点考虑因素之一。以牺牲环境为代价的发展方式早已被抛弃，追求人与自然的和谐，才能实现社会可持续发展。

第三，建立社会组织与政府间的伙伴关系。2014 年，我国的首个"扶贫日"确定在 10 月 17 日，号召社会共同参与到国家的贫困治理事业中。新时代下，社会环境的复杂性，与社会需求的多样化，和各类社会组织的增加及其在各个领域的作用日益加大，为国家贫困治理事业顺利进行，我们应重视社会组织在贫困治理中作用的利用与发挥。鉴于过去的实践，在贫困治理中地方政府与社会组织两者的关系，仅仅是合作关系，已经不能再满足治理的需求。要建立社会组织与政府间的"对称性互惠"的伙伴关系。[1] 因基于平等、权责明确、和谐的关系基础，社会组织能够与政府通过协商、对话等方式，发挥各自的长处，利用凝聚在一起的资源，对贫困地区和贫困人群进行帮扶。再者，要激发存在于社区中传统社会组织的活力。传统民族社区治理现代化过程中，社会组织与政府间关系呈现明显的强政府弱社会特征，在参与社会治理方面，部分社会组织的主动性意愿有待加强。[2] 民族地区的传统社会组织一般以血缘、宗族、宗教等为纽带，具有较为深厚的群众基础，民族地区的地方政府在进行贫困治

---

[1] 刘风、向德平：《贫困治理中政府与社会组织关系的变迁及走向》，《中国农业大学学报》（社会科学版）2017 年第 34 期。

[2] 张志泽、高永久：《传统民族社区治理现代化视阈下的社会组织发展》，《贵州民族研究》2016 年第 37 期。

理过程中，应做好地区传统社会组织的规范工作，减少部分政府的干预行动，赋予传统社会组织一定的权责，如在民意了解、信息传达等方面，可以借助传统社会组织的作用，收集到更为准确的民意情况和保证信息传达的准确性。

第四，注重地区居民发展能力的赋予。进入贫困治理攻坚克难阶段，前期的外源式扶贫带来的减贫效应在逐渐下降，更加强调发展的内生性，以人为中心和本地居民参与的内源性扶贫逐渐被重视。[①] 内源式扶贫强调地区居民发展与地区发展的同步进行，是贫困治理形式的需要，也是贫困治理效果实现可持续性的需要。精准扶贫、精准脱贫的核心与关键是，实施强调提高贫困对象的发展能力，充分发挥贫困对象的内生动力的"造血式"扶贫。[②] 外源式的扶贫方式主要是强调外力对贫困者的帮助，忽略了贫困者内生动力激发的问题，虽然帮助弱小者、救济贫困者等都是值得提倡的，长期的"不劳而获"的受惠现象，容易滋生社会问题。对广大群众而言，可能会产生不平衡心理，增加社会矛盾摩擦；对贫困者自身而言，容易养成"等靠要""我穷我光荣"等不正确的价值观；对于国家的贫困治理而言，治理进度和效果都受到不良影响。因而地区贫困治理需要强调"精神扶贫"，转变贫困者原地伸手要帮助等不良思维，鼓励贫困者自立自强。现实中贫困者参与贫困治理过程，不再是仅仅知道、了解相关的扶贫政策，而是需要在外力的帮助下，通过培训、训练等方式，被赋予发展能力，再与帮扶自身的其他组织力量，为改善自身的处境而努力，并在脱贫后能做到自力更生，减少返贫情况的出现。

第五，做好地区群众的社会保障工作。制度贫困是民族地区反贫困面临的主要问题之一，从社会保障制度方面看，农村地区的社会保障制度长期处于缺位的状态，这是由于社会保障制度的设计偏向于城市的做法导

---

① 李钊、卓仑·木塔力甫、王敏、谭刚：《内源性扶贫视角下民族贫困地区脱贫路径研究——以加哈乌拉斯台乡库克拜村为例》，《山西农业科学》2019年第47期。

② 程惠英：《少数民族地区打赢脱贫攻坚战的着力点》，《边疆经济与文化》2017年第10期。

致。① 农村社会保障的长期缺位，在一定程度上削弱了农村群众的抵御风险的能力，群众遭遇天灾人祸时，统筹层次低和保障水平低的农村社会保障制度并不能提供足够的帮助，致使群众陷入发展困境，制约了地区的反贫困治理进程。为提高民族地区居民陷入贫困或返贫的风险抵御能力。首先，完善民族地区的社会保障制度。即不仅是根据地区发展适度的提高原有保障类型的水平，还需要进行保障供应系统的完善，比如扩大受惠对象或增加可报销病种等；其次，加强各项保障措施间的衔接。保障措施间的挂钩可以增强保障效果，如一户享受精准扶贫户待遇，那么应该为该户子女的上学等提供应有的保障，预防农户拆东墙补西墙的做法出现。最后，加大地区的基础设施的建设投入，实现基本公共服务均等化，减少社会"不平衡"心理的出现，构建健康、和谐社会。

自力更生：贫困户也能发家致富②

贫困户的自力更生成为榜样

40 多岁的尹桂林曾是慈利县南山坪乡桃花村一名地地道道的建档立卡贫困户。但是近年来，通过政府的帮扶，他在自家的山地里种植名贵中药材白芨脱了贫，不仅将房屋翻整一新，还找到了媳妇告别了单身，他靠种白芨发家致富脱贫的事迹引发当地村民啧啧称赞。

贫困户自身发家致富，也带动其他人一起致富

有记者跟随慈利县武陵山中药材种植专业合作社负责人李文辉一道，专门来到尹桂林家中，探访他依靠种植名贵药材——"白芨"发家致富脱贫的故事。

记者刚到他家门口，就见屋坪上晒满了刚从地里挖回来的白芨，尹桂林和 5 位村民一起正在用剪刀剪除白芨的根须，"这是昨天请人挖回来的白芨，客户急着要货，又才请人按要求把白芨

---

① 王延中等：《民族地区社会保障反贫困研究》，经济管理出版社 2016 年版，第 9 页。

② 数据转引自黄岳云：《脱贫故事：尹桂林种白芨告别了单身》，《慈利新闻网》2018 年 12 月 21 日。

的根须剪掉"。刚一落座，尹桂林就打满脸笑意的开了话匣子，向记者讲述起他种白芨致富脱贫的事来。

据尹桂林阐述，在他获得帮助前，自家居住在偏远山区，家里只有山地且交通不便，又因家庭贫困，与自己没有什么一技之长，导致一家人的生活十分拮据。那时一家人的日常生计，是靠他和老父亲种点旱粮、到山上挖点药材换钱来维持。在 2003 年时，他就把从山上挖回来的小野生白芨种在地里，但是，他摸索了几年下来白芨种植面积虽增加了一些，但白芨的销路问题没有解决，自己快 40 岁了伴侣问题也没解决。

在 2013 年时尹桂林被列为建档立卡贫困户，并通过熟人的引荐，尹桂林认识了李文辉，作为慈利县武陵山中药材种植专业合作社负责人的李文辉在得知他家的实际境况后，把尹桂林作为合作社的帮扶对象，并从白芨种植技术层面、市场销售上对他进行全方位的帮扶、指导。因有了专业技术人员的帮扶指导，尹桂林把自家 4 亩多山地全部种植了白芨，经过 3 年多的精心培管，2016 年他种植的白芨到了采挖时节，4 亩多地采挖了 6000 多公斤，按照当时的收购价每斤 60 元计算，除去留下的种苗，尹桂林实际获得纯收入 20 多万元，"这批挖回来的白芨有 2000 多公斤，尽管收购价格有所下降，但收入还是不菲的"。

小小白芨成为尹桂林发家致富的"招财果"，让尹桂林脱贫致富了，不仅生活水平和质量提高了，个人的问题也解决了：用卖白芨赚来的钱，将老房子进行了整修一新，又花 1 万多元修建了一座蓄水池。还找到了媳妇，春节过后就准备举行婚礼。尹桂林在获得技术等帮扶前，自身也积极地进行摸索，但是收效甚微，不过他在获得自己需要的技术等方面的支持后，能够较顺利的脱贫致富，说明贫困户并不缺乏自己发展的能力，只是需要相对应的外力的帮扶，激活个人的发展动力，不仅实现脱贫，还可以通过自己的努力致富，使自己的生活水平与质量不断提高。

第四章 民族地区的人口素质与减贫

第一节 贫困地区与发达地区的教育投入差异

一、发达地区的教育投入情况

义务教育发展水平与区域内的经济社会发展水平有着紧密的联系。区域内经济发展水平一方面为区域义务教育发展提供坚实的物质基础，另一方面也制约着区域内义务教育发展的水平。同样高质量的义务教育也可以提升区域内人口的综合素质，为区域的经济社会发展提供有力保障。发达地区由于其经济发展水平高于全国的平均水平，故而其在教育方面的投入也更为高些，对于教育的重视程度也比欠发达地区更高。

根据数据统计，2015 年全国义务教育阶段生均教育经费为 13957 元。东部地区义务教育阶段生均教育经费为 18335 元，东部地区义务教育阶段的生均经费远高于全国平均水平。具体来看，北京、天津、上海、江苏、浙江高于东部平均水平，河北、山东、广东、海南低于全国平均水平。因此虽然东部地区义务教育阶段教育经费投入整体高于全国平均水平，但是内部存在很大程度上的不均衡。河北的人均教育经费投入仅相当于北京的 17.4%。山东和广东的教育经费也偏低，与其经济发展程度不相适应。

从 2006—2015 年的十年时间里，东部地区的生均教育经费有了大幅度的增长。生均教育经费是衡量教育投入的重要指标，义务教育阶段生均教育经费的大幅增长保证了义务教育阶段学校的办学条件和学校的教育质量。具体来看，北京、天津、上海三个直辖市的生均教育经费远高于该地区其他省份。直辖市由于其特殊的政治和经济地位，汇聚了较多的教育资源，教育投入较多，相比其他省份发展速度更快。

二、贫困地区的教育投入情况

因教致贫在中国农村，尤其是西部地区，是比较常见的社会现象。2005年，零点调查发布的《中国居民生活质量指数研究报告》显示：教育花费成为城乡居民致贫的首要原因。2006年中国青少年发展基金会的一项调查结果表明，八成贫困学生家庭致贫主因是教育支出。而另据农业农村部2010年在甘肃省的一项抽样调查表明，返贫农民中有50%是因教育支出所致。

从国家层面来看，中央对民族贫困地区的教育经费投入一直保持较快增长。2016年，国家加大了对东西部教育投入的均衡，东西部初中和小学生均公用经费基准定额投入差距缩小到50元，民族贫困地区基本保底办学经费得到了有效保证。此外，国家还多方争取外资对民族贫困地区的教育支持，先后与英国确立了两国教育部长年度磋商机制，中英教育交流合作成果显著，形成了合作领域宽广、内容丰富、政府主导、民间活跃的交流格局。1985年以来，香港邵逸夫基金也加强了与教育部门合作，向内地各省、自治区、直辖市教育事业捐赠了大量款项，在西北地区援建了一大批中小学。联合国妇女儿童基金会"促进贫困地区女童教育"项目、"世行贷款西部地区义务教育工程"也对我国西部贫困地区的教育给予了资金支持。以上国际、国内教育项目的实施，对西北边远贫困地区的教育普及起到了积极的促进作用。2012年，甘肃省申请到香港邵氏基金赠款420万港元、台湾民德小学项目资金225万元。

从师资力量投入来看，在经济发达的江苏省和经济欠发达的贵州省，拥有研究生和本科学历的教师比例，城区都高于镇区和乡村。但具体来看，在普通小学，2014年贵州省城区拥有研究生和本科学历的老师的比例为 41.95%，是乡村 24.35% 的 1.7 倍。而江苏省城区为 76.09%，是乡村 46.32% 的 1.6 倍。可见，无论是经济发达地区还是经济欠发达地区，专职教师的学历都会有明显的城乡差距，但在经济欠发达的贵州省此差距较明显。两省比较，江苏省城乡专职教师的学历普遍高于贵州省，毋庸置疑。在江苏省，普通小学的专职教师学历主要集中于本科，占全省普通小学的 61.04%；在贵州省，普通小学的专职教师学历主要集中于专科，占全省普通小学的 58.4%，本科教师仅占 30.8%，可见，发达地区教师整体学历水平高于欠发达地区，欠发达地区还需摆脱"普通低水平"的现状。

在国家加大投入力度的同时，地方政府也加大了对教育的投入，基础教育经费呈逐年上升态势，为推动地方教育的发展奠定了有效保障。在教育经费投入方面，2007—2014 年，陕西、甘肃、青海、宁夏、新疆等地的教育经费投入分别增长了 2.18、2.09、3.31、1.66、2.31 倍。从以上数据可知，民族贫困地区教育经费都在逐年增加。通过各项教育投入的逐年递增，虽然和发达地区仍然具有较大的差异，但民族贫困地区的办学条件也是得到了一定的改善。

三、教育投入差异的成因

1. 财政能力有限，教育投入资金不足

我国全面铺开基础义务教育使得贫困地区的基本公共服务虽然仍落后于发达地区，但也能够维持着基础政策的运行，令贫困地区保有一定水平的教育服务供给。然而在教育经费的发放问题上，实行的中央、地方分项目、按比例分担基础教育经费的政策，这就导致了除中央经费外，各地的教育投入水平与当地政府的财政能力息息相关。经济较为发达的区域，财政较为宽裕便能加大在教育方面的投入，反观经济欠发达区域，地方财政压力较大，教育方面的投入也就自然而然地减少。这不仅使得贫困地区难以提供优质基础教育，也使得区域间的教育投入差异扩大。

除地方间存在教育经费投入的差异外，中央与地方间的教育投入同样存在着经费分配不均的现象，对比中央直属的项目与地方项目便能明显感受到央地经费预算的差距。以中央直属高校与地方高校为例，2010 年中央直属高校在公共财政预算教育支出上为生均 17964 元，而同样的开支，地方院校则仅仅只有生均 8432 元，两者相差近一倍。地方间还存在着城乡间的教育资源分配不均，农村中小学校生均教育费用显著低于城市学校。

地方政府受限于有限的财政预算，对于无法立即呈现效益的教育项目的倾向性便自然而然的下降，故而地方政府在教育上的经费投入会明显的低于中央政府。同理，城乡教育投入的差异也根源于层级政府间的财政能力差异，乡级基层政府本身就存在财政能力不足的问题，对上级政府的财政转移支付补助具有很强的依赖性，财政能力的差异表现在教育投入上便是农村的教育投入往往大幅少于城市教育投入。

2. 小学整合撤并，基础教育成本增加

小学的整合撤并现象往往在欠发达区域愈加频发，由于人员从农村向城市、从欠发达地区向发达地区流动，造成农村，特别是贫困地区的农村生源不断减少，出于避免教育资源浪费的考虑，大多数地区会选择将中小学进行区域内的整合撤并，有些地区甚至实现了"村不再办小学，乡不再办中学"的基础教育布局调整目标，整合基础教育资源。这一举措虽然一定程度上缓解了贫困地区教育投入的财政压力，但从另一个角度上也进一步扩大了与发达区域间的教育投入差异。

同时，中小学的整合撤并在某种程度上也将基础教育成本转嫁于个人与家庭上，形成了愈整合生源愈少的恶性循环。由于农民居住分散，生源逐年减少，全部改成寄宿制中小学，全面提升了教学质量。合并农村小学可以整合基础教育资源，优化教学质量，但同时也带来了学生交通、寄宿安全等问题。特别是小学阶段的学生年龄较小，生活自理能力有限，而现有的寄宿制学校的食宿管理不尽完善，故而家庭为了照顾孩子的饮食起居需要增加家庭的基础教育支出。同时，由于照顾孩子无法务农，也减少了家庭收入，提高了基础教育成本。农民教育支出的绝对数逐年增加，从1985 年的 12.5 元，增加到 2010 年的 366.7 元。而教育支出在农村居民家庭消费支出中所占比重逐年提高，到 2005 年达到最大，而 2005 年后因国家实行免费义务教育，使其逐年下降，但 2010 年该指标仍然高达8.4%。教育成本的增加不仅加剧了农村家庭的生活压力，也在某种程度上降低农村家庭的就学意愿，对区域中的生源数量造成影响。

3. 就业环境恶化，负面影响教育投入

在经济节奏放缓的大环境影响下，就业形势日益严峻，在基础教育薄弱、经济落后的贫困地区，这些问题会更为明显和突出。数据显示，2018年 7 月城镇新增就业人员数累计同比增速达到阶段性高点 2.9%，随后趋势性下降，2019 年初城镇新增就业人员数累计开始负增长，6 月累计为747 万人，同比减少 2.0%，目标完成率为 67.0%，比 2018 年 1—6 月的68.4% 低 1.4 个百分点。地方政府为实现晋升目标，倾向于选择实施易测量绩效的政策，例如某些能够直接刺激 GDP 增长的政策，而教育虽在某些方面能够促进经济的发展，但又因其见效较慢且周期较长，并非地方政府的首选方向。故而在"晋升锦标赛"的机制激励下，越是想要短期内获得晋升机会的贫困地区政府，越是不会在教育方面下大功夫，其教育投入量较之稳定发展的区域也会愈发不足。

教育投入的差异使得欠发达地区由个人家庭所承担的教育成本进一步增加，在经济大环境和不健全的劳动力市场的影响下，对于这些家庭来说成本较高的教育支出并不会为其带来对应的高收益。一旦教育无法带来就业上足够的帮助，贫困家庭在权衡利弊后反而更倾向于选择返回家庭务农，然而由于没有接受过专业化的培训，大多生产方式依然循序传统，无法体现基础教育在提升生产经营方式上的促进作用。这些地区的教育低回报率反过来也进一步加剧了区域间的教育投入的差异。

第二节 教育、人口素质提升与持续减贫

一、教育与人口素质提升

教育可以定义为是一个以知识为媒介教人思考的过程，任何能够促进人们知识增长的活动在某种意义上来说都可以称其为教育。教育对于人口素质的提升具有至关重要的作用，特别在这个技术不断进步、劳动力竞争激烈的时代，教育作为人力资本最为基础和重要的部分，能够有效转化人力资本的知识存量，提高人的知识技术水平，从而适应于产业结构调整和经济增长方式转变的时代潮流，提升公民整体的人口素质。

1. 教育在加速文化资本积累中提高公民素质

从社会学的视角来看，人之所以成为某个社会的成员，在于这个人接受了这个社会的文化，认同于这个社会，并学会了作为这个社会成员所必需的一些生活和工作的技能。作为人类文化传承的重要载体，教育通过提高人口的文化素质来促进人的全面发展，最终达到社会发展的目的。要提高公民的文化素质，则需要其自身文化资本的有效积累。社会学家皮埃尔·布迪厄认为，文化资本是不同社会阶层所特有的文化、知识、风格与习性，它包括语言、品位、知识、技能、艺术、举止仪态等。在日常生活中，文化资本也是通过饮食、服饰、家具、交通工具、艺术品等所展现出来的风格。诚如布迪厄所言，文化资本的获取是一种文化实践活动，公民参与这种文化实践的能力则是在教育经历中所获得。由于文化资本具有不确定性、隐蔽性、长期性，因此它也成为影响受教育机会是否公平享有的重要因素。一般而言，子女在文化资本较占优势的家庭中成长，其获得受教育的机会更大。

因此，要普遍提高公民的文化资本积累，就要靠教育公平。教育公平通过增加教育财政投入、更新硬件设施、改善师资力量等手段为受教育群

体均等提供教育资源；此外，通过实施公平化的教育，使处于社会底层的贫困家庭子女在文化资本相对欠缺的情况下获得更多的文化资本，缩短不同阶层家庭的文化资本差距。文化资本的获得，使得家庭成员接受更优质丰富的文化教育，为家庭积累了有效文化资本，也使家庭子女受教育的概率大大提高，从而能有效促进公民文化素质的全面提高。但由于各种原因，教育公平问题的最终解决还需要经历一个漫长的过程。从文化资本理论的角度来分析，目前的社会现实是，社会成员在文化资本的获取和积累上仍然存在许多不公平的地方，亟须在改革中不断解决。

2. 教育有助于打破公民自身文化屏障的藩篱

教育的实施主要在学校完成，因此学校教育就成为文化资本再生产的载体。"不同文化身份、地位的群体，都有着不同的文化资本、文化品位、文化消费和不同的生活方式及价值观念，人们在这种同质文化群体中，通过交往和行动，逐渐形成了一种共同的阶层文化保护和排斥意识——文化屏障——使其他阶层的人不能进入这个阶层，也使得自己阶层的人的利益不受侵犯。文化屏障有时是以外显的方式作用于阶层保护，有时是以隐藏的方式排斥其他阶层的接触。"由于掌握了适应于学校教育的文化资本和精密性符码，位于社会上层的中产阶级受教育的机会更多，在学校教育的过程中也更具优势。

但是，"由于限制性符码和学校的学术文化之间存在明显的冲突，掌握了限定符码的工人阶级子弟更难适应正规的学校教育"。受制于这种文化屏障，社会贫困家庭的子女接受高层次教育的概率减小，在学校教育中也处于弱势的地位。教育要求在教育实施过程中更加注重教育形式和内容的平等。它通过给予弱势群体更多的关注和教育的多元化发展，达到教育的公平公正，有效避免了伯恩斯坦理论中底层阶级公民接受教育的障碍。通过给予底层家庭子女更多的关怀和照顾，教育公平将家庭文化环境对子女学业成就造成的影响降到最低，从而打破公民自身文化屏障的藩篱。

3. 教育促进人力资本的配置与流动

一方面，教育能够提高人力资本的配置。其一，教育提高人自身的资本配置能力。在现代社会，人的资本配置能力主要是通过教育得以培养和提升的，这种提升表现为其自我认知和对有关信息的捕捉分析能力以及竞争意识和技能的增强。根据满意原则，代表教育背景和教育程度的文凭对劳动力资源的配置起到决定性的作用。教育赋予社会每个成员平等的受教育权利，使更多人能够通过自身文化程度的提高获取参与社会生活和生产的机会。随着劳动者对其自身可利用资源和相关信息处理能力的逐步提高，它们对自身人力资本的配置能力也得以增强。其二，教育还有助于提高人力资本的配置效率。教育通过对社会教育效益的增强，提高了人力资本的配置效率。从宏观上看，教育公平有利于政府对教育资源的优化、均衡、合理配置；从微观上看，教育有利于教育行政部门对教育的成本核算、合理决策和理性投资，也有利于学校对教育成本的合理控制和科学使用。这使得教育的投入和产出达到效益最大化，进而直接提高了整个社会的人力资本配置效率。

另一方面，教育促进人力资本的流动和更新。其一，教育推动劳动力的城市化流动。在城乡二元化社会中，农村劳动力的转移和流动需要依靠教育。随着城市化进程的加快，对劳动力的需求也逐步增大，大量工作需要具备一定素质的劳动者来完成。一般而言，劳动力受教育程度越高，向城市转移的速度就越快。通过普及教育，为农村劳动力掌握知识和技能、融入城市提供了可能，也加快了劳动力的城市化转移；其二，教育促进人力资本的更新。经济的快速发展推动社会产业结构的调整，各种新兴产业的出现需要大量掌握新兴行业知识的人才，人力资本的更新速度越来越快。要在激烈的社会竞争中获利和生存，就必须接受新的教育。教育能够打破社会固有的壁垒，为处于不同社会地位和经济状况的求学者们提供平等的求学机遇，并为每个人公平提供同等质量的教育，从而推动和保障着人力资本的更新。

二、人口素质提升对减贫的影响

教育带来的人口素质提升，一方面能够促进社会经济的增长，另一方面从个人角度出发，人口素质的提升能够有效抑制贫困的发生，达到减贫的效果。当前的社会生产模式已经很大程度上要求个人一定程度的知识存量，当劳动者未接受系统教育、文化素质较低时，其能力使其难以参与进复杂的生产劳动中，只能进行低效、低价值的社会劳动，无法获得足以维持生活的效益回报，故而其收入水平也不会太高。人口素质的提升对减少贫困的影响，主要体现在以下三个方面：

第一，提高一个国家或地区的人口素质是促进其劳动生产率的需要。

从区域的减贫效果来讲，人口素质的提升能够促进区域内的劳动生产率的提高，推动区域整体经济的发展。人口素质的提升不仅能够提高社会劳动生产力的熟练水平，而且能推动科技的创新与发展，使科研力量有效转化为社会生产力，提高社会的经济效益。以日本为例，由于重视国民的教育以及国家科技的发展，早在 1969 年其国家的工业劳动生产率已达到了 10%，而同期的美国仅保有 3.1% 的劳动生产率，到 20 世纪 70 年代初，其国民自然科学专职人员的数量已占国民总人口的 0.21%，重视国民教育事业的结果便是 20 世纪日本经济的大幅度发展。

从个人层面来看，人口素质的提升能够使劳动者在系统的学习中获得复杂生产所需的劳动技能，在社会大环境素质提升的潜移默化中，提高个人的劳动生产熟练度，使个人能获得更高的劳动报酬，减少贫困发生的可能性。

第二，一个国家或地区人口素质的提高是转变其经济生产方式的需要。

人口素质的提升有利于推动经济生产方式的转变，这也是产业结构变化的最根本的基础。通过人口素质提升加速科技研发的进程，进一步促进社会经济产业的升级，有效推动经济的发展。当前我国也面临着社会经济生产方式转变，推动产业结构升级变化的关键时间节点，从当前的粗放型生产模式向集约型转变。

亚洲产业升级最具有代表性当属韩国的产业升级，韩国三星就是一个当之无愧的创新型企业，是当今世界的著名国际品牌之一。服装生产是

40 年前的三星公司主要从事的项目。20 世纪七八十年代，三星公司派遣大量人才去美国读博深造，才使得今天的三星成为世界知名的高科技创新型企业。人口素质的提升促进经济生产方式的转变，而经济生产方式的转变也将反哺于人口的减贫，集约型的生产模式推动社会经济进一步发展，也使得参与的劳动者经济收益得到长效的增长，以减少贫困发生率。

第三，一个国家或地区人口素质的提高是可持续发展的需要。

贫困并非是一个静态的概念，而是动态的变化的状态，故而减贫也是一个持续性的过程，也需要人口素质的不断提高。在资源有限的先天条件下，要寻求全人类的共同富裕依靠的是科技创新，一方面，通过寻求资源替代物来缓解来自有限资源的压力；另一方面，人口素质的提升也可以通过提高资源利用率来合理配置资源，平衡人与自然的紧张与不和谐，以实现可持续的发展。不仅如此，可持续发展要求人们要有现代的发展意识，要有先进的科学技术，要有高效能的社会调控机制和管理制度，因而迫切需要人口素质的提高。

治贫先重教，发展教育是减贫脱贫的根本之举。根据宏观数据和计量模型估算的主要投资减贫回报，教育投资的减贫力度较大，每万元投资平均减少 9.62 个贫困人口，超过基础设施建设对减贫的影响。然而体现教育减贫的效果需要较长的时间，不像其他投资那样"立竿见影"。对于教育减贫不能急于求成，而要立足于精准，坚持科学性，追求实效。只有教育水平真的搞上去了，才能深刻地改变一个民族，才能为国家的长远稳定发展注入强劲的动力。阻断贫困代际传递，必须让贫困地区家庭子女接受公平而有质量的教育。不管是通过远程直播教学等技术手段，还是开展师资交流、鼓励师范生到农村任教，要确保贫困地区在基础教育阶段享有公平的机会，不让他们在起跑线上落后。

第三节　民族地区人口健康影响因素

在过去的扶贫经历中，因特定的历史阶段限制，较为注重贫困地区、人口经济状况的改善，而忽略了健康权、教育权等社会权利缺失所导致的贫困问题，健康扶贫的开展正好弥补了这一项空缺。[①] 在扶贫过程中强调对贫困人口进行健康扶贫，是现实的需要，也是形势的需要。健康是一个人进行社会活动的基本条件之一，也是个人生存发展的保证之一。扶贫进入攻坚克难的阶段，针对陷入贫困和脱贫后再次陷入贫困的原因分析发现，因疾病导致贫困和因疾病重新返贫的问题凸显。贫困和健康两者之间存在密切的联系。贫困人口自身底子差，抗风险能力弱等原因，相较于正常家庭而言，贫困家庭面临着更大的健康风险，具体的健康风险来源包含自然风险、家庭风险、社会风险和自身风险。[②] 可见，导致贫困人口深陷"疾病—贫困"循环怪圈的原因是多元的，对民族地区深度贫困的人口的健康影响因素的分析，找到需要攻克的难点所在，激发个人和家庭内在发展潜力，是健康扶贫开展的重要环节。

一、基本公共服务供应不足导致的健康风险

为实现"共建共享"的发展目标，我国推行基本公共服务均等化，让全国人民在基本民生性服务、公共事业性服务、公益基础性服务和公共安全性服务四个主要方面能享受较平等对待，共享改革开放成果。历史阶段的限制和政策倾斜等原因，我国的城乡二元化问题较为普遍，在医疗资源方面的体现是，医疗资源的分布不均。健康权作为公民享有的最基本人权，获得卫生服务是公民享有的众多健康权的权利之一，民族地区的贫困人口因没有获得应有的健康权利，而挣扎于疾病—贫困旋涡之中。导致这样的现象出现，主要因为存在着两个方面的问题：

1. 医疗资源与就医需求不匹配

具体表现为医疗资源的数量上分布与地区上分布的两个不均问题。医

---

①　王黔京等：《民族地区农村家庭健康现状调查与健康精准扶贫策略研究——基于云南省的抽样数据》，《贵州民族研究》2017 年第 38 期。

②　左停、徐小言：《农村"贫困—疾病"恶性循环与精准扶贫中链式健康保障体系建设》，《西南民族大学学报》（人文社科版）2017 年第 38 期。

疗资源多少与分布情况关系着居民获取医疗服务的便利性，是影响居民健康的重要因素。但有研究指出，就医疗卫生公共服务资源分布而言，无论是对比非民族地区还是中国东中部地区，民族地区的医疗卫生公共服务资源都处于极其匮乏的位置。并且，分布在民族地区中的不充足的医疗资源，也存在较为严重的非均等化问题。[①] 可以看到，医疗资源的分布不仅仅是较发达地区和较落后地区上的分布不均，民族地区与非民族地区间的分布情况也是不一样的。并且，在本来医疗卫生资源就不怎么充足的民族地区，在地区分布上也同样会有医疗资源过于聚集的问题出现。那么这些聚集的医疗资源又是聚集在哪里。有学者研究广西壮族自治区的医疗服务可及性及均衡性情况指出，广西壮族自治区同时存在卫生资源的浪费与卫生资源稀缺两种情况。具体分析还发现，以南宁为代表的较发达城市的医疗卫生资源的可及性，比同省份的百色西部、河池的西南部等经济发展较落后地区的要好，并且，就城市与农村相比而言，前者的可及性要比后者好。[②] 民族地区的医疗资源，因城市间的发展水平不同，和城市与农村间的差距问题，再次出现内部医疗资源向少数经济发展较好城市的聚集现象，偏远山区的医疗资源分布仍然处于边缘化状态。但民族地区的贫困人口主要还是分布在地区较偏远的山区，各处的农村中，就算集中分布了医疗资源的几个经济较发达城市的医疗水平不断提高，却不能使同省份的、处在边缘化的人群享受的医疗服务水平得到提升，将会导致更加不公平的社会现象出现。也就是说，处在偏远山区的居民，因为医疗资源可及性差的缘故，还会处于医疗服务需求亟待满足的状态。

2. 地区居民健康认识的缺失

居民健康认识的缺失一部分原因是因为医疗卫生服务中，对居民的健康知识的宣传、教育工作没有充分发挥应有的作用，还有一个重要原因是民族地区的半封闭的交流环境和当时居民对新事物认知的不足，导致民族

① 王鹏：《民族地区民生问题研究：民生公共服务视角微观经验分析》，《中国少数民族地区经济发展报告（2016）》，中国经济出版社 2016 年版，第 367 页。

② 周少钦等：《广西医疗服务空间可及性及均衡性研究》，《中国卫生经济》2018 年第 37 期。

地区居民的健康风险隐患较高。时代的发展进步，偏远的山区不再是完全封闭的状态，而是开始与外界进行交流，但是在享受着时代发展带来的好处的同时，也承受着外来文化的冲击。因地区居民的文化水平等认知并不能与日新月异的时代的发展步伐一致，而导致一些新社会问题的发生。据有关消息显示，截至 2017 年底，虽然中国艾滋病整体上还仍然处于较低的流行水平，但与全球的艾滋病的发病数和死亡人数下降的趋势相反，我国艾滋病的发病数和死亡人数却整体呈现上升状态，并且对比 2006 年与 2016 年的艾滋病发病率具体地发现，过去的十年中，西南地区是过去十年中主要的艾滋病毒感染者的主要增长地区。[①] 西南地区主要几个省份不仅是我国少数民族聚居的地方，还是我国与东南亚地区几个国家接壤处。因此，在西南地区的日常治理中，国家不仅要妥善处理民族间的关系问题，还需要有较大的概率要处理跨国界的事情。特殊的地理位置，导致地区治理的复杂性上升，治理的难度也在增大。四川凉山彝族是艾滋病流行的重灾区，该地区毒品与艾滋病流行的原因，一个是特殊的地理位置，容易寻找到治理的空隙，致使地区毒品能流入地区，并从少部分特等人群向一般人，从城市向农村进行扩散与流行。另一个很重要的原因是，当地居民对毒品危害认识和艾滋病预防认知的缺失，使地区经历了毒品的流入，再由城市向农村传播与流行的局面。[②] 庆幸的是，随着国家和地方政府通过电视、手机、线下宣传等方式加大对这些地区群众的健康知识宣传，让地区人民逐渐认识到危害，并主动进行抵制。因为毒品的流行，是大众所厌恶的，其带来的身体损害与家庭关系的破裂等一系列社会问题的发生，但部分地区因为居民对相关危害知识缺乏认知与了解，在无知的情况下，发生了错误的行为，所以无论何时何地，我们都需要加强毒品危害与防范等健康知识的宣传，提高居民对其的认知与防范意识。

---

① 数据转引自汤子帅：《比一个季度增加 4 万艾滋感染病人更麻烦的问题 | 有理数》，《新京报网》2018 年 11 月 1 日。

② 周如南：《民族地区的艾滋病传播与防控——以凉山彝族地区艾滋病与地方社会文化调查为例》，《南京医科大学学报》（社会科学版）2012 年第 12 期。

二、特殊地理位置导致的健康风险

民族地区主要是位于祖国的中西部、西北部的内陆地区，民族地区的贫困人口也呈现连片分布的状态，生活环境呈现自然生态环境较为恶劣、海拔较高的山地或石漠化和沙漠化边缘地区等特点，这些特殊的地理环境是造成民族地区居民饱受疾病带来的困扰的重要原因。学者陈俊杰和陈浩浩进行民族地区扶贫开发的制约因素研究发现，制约着民族地区扶贫开发的因素中，除了人口因素、生产力因素和国家与民族地区之间的利益冲突三个因素外，地理因素也是重要的制约因素之一。[①] 其实，特殊的地理位置不仅是导致该地居民缺少医疗的重要原因，还是一些地方性的疾病发生的重要元凶。

1. 特殊的地理位置是地区多发病出现的重要原因

部分地区的多发病有着显著的气候特点，地中海贫血作为我国南方地区的一种高发的遗传疾病，主要分布在广东、广西、海南等南方省份。做好地中海贫血可以通过婚前孕前产前的基因筛查工作，可以有效防止重型地贫儿的出生，但是因为位置偏远、医疗条件差等原因，多发病倾向于聚集某一部分人群。据界面新闻了解，地中海贫血分布的各省份的携病率并不一样，具体分布情况分别是广东省是 16.83%，广西壮族自治区是24%，海南省是 15%。引人注目的是，其中少数民族地区的地贫基因携带率高达 55%。[②] 体现因地理位置的偏远，使居民的医疗资源可及性有较密集医疗资源分布的地区差，一些遗传性疾病的预防和控制工作在这部分地区还有待加强。又因为所处地区的高寒、阴冷、缺水等生活环境，致使在该地区的居民养成了一定的生活方式和饮食习惯等，给自身的健康带来健康风险。有研究指出，我国的地方性砷中毒主要的暴发途径是通过水、空

① 李俊杰、陈浩浩：《民族地区扶贫开发的制约因素与基本思路》，《中南民族大学学报》（人文社会科学版）2015 年第 35 期。

② 数据转引自陈鑫：《卫健委：地中海贫血在广东广西得到有效控制，重型患儿出生率逐步下降》，《界面新闻》2019 年 5 月 8 日。

气和食物进入人体，这与当地居民直接饮用没有经过处理的高砷地下水的饮水习惯，与燃烧煤进行取暖，直接烧烤食物等习惯有很大的关系。[①] 某些微量元素，人体在一定时间内摄入的量在控制范围，并且不是长期性的积累，对个人的身体还能进行自我调节恢复。但是，因为气候、地理位置和地区的食物烹饪方式等，使个人长期生活在过量摄入某些微量元素的环境，日积月累最终导致疾病的爆发。

2. 特殊的地理位置导致地区居民医疗服务可及性差

制约农村地区特别是贫困人口的医疗水平提高的根本原因是居民的基本医疗保障与卫生服务的广泛不可及性，和地区经济发展的相对缓慢。并且健康水平的相对下降，反过来会使收入水平进一步减少和丧失享受医疗服务的机会。因为这两方面原因的相互作用，加剧了农村地区贫困人口健康贫困问题的发生。[②] 地理位置导致地区居民可及性差的原因，首先是因为地理上医疗资源分布的不均。少数民族分布的地区一般经济发展水平不高，并且因多处于山地的地理位置，人群分布不像平原那样密集，不利于医疗资源的集中利用，就算在地区较发达的城市分布了充足的医疗资源，部分偏远位置的人群仍然难以顾及，而这部分人群则由于缺乏足够的医疗服务，成为疾病侵袭的重点人群。其次，现在居住在山区的地方的交通条件极大的改善，可以车来车往，但因地理位置上距离的遥远，在路上花费的时间和交通支出等，这些因看病而产生的治疗之外的行程费用负担，也是一个值得关注的事情。有学者对西部农牧民族地区的疾病直接经济负担影响因素进行研究，指出该地区居民疾病直接经济负担明显较重。除慢性病是造成家庭较大经济负担的重要原因外，研究通过对比在次均就诊费用差不多的情况下，少数民族居民和汉族居民两者在次均就诊非医疗费用对比结果是，前者是后者的3.9倍。分析发现因居住地的偏远和交通不便利

[①] 高健伟等：《地方性砷中毒地区环境砷暴露健康风险研究进展》，《生态毒理学报》2013年第8期。

[②] 孟庆国、胡鞍钢：《消除健康贫困应成为农村卫生改革与发展的优先战略》，《中国卫生资源》2000年第6期。

等原因，会造成少数民族居民需承担较沉重的直接非医疗费用。[①] 可见，影响居民就医支出，除因治疗疾病所产生的住院、门诊、医药等花费外，居住在较偏远位置的患者，需要外出一趟到较遥远的地方寻医问药，期间因交通、吃住等产生的非直接医疗费用，也会让其产生较大的家庭经济压力。容易导致部分家庭经济不是很好的居民，因这部分看病而产生的额外花销，让其萌生外出就医的退缩之意，最终小病拖成大病，日渐失去劳动力，家庭也逐渐地衰败下去。

三、家庭健康意识淡薄导致的健康风险

民族地区居民的健康风险的一个重要风险来源是家庭方面。家庭健康意识的淡薄将会导致家庭成员受到疾病侵袭的概率增大。具体主要是家庭的饮食来源和家庭成员的就医意识。首先，因为家庭健康意识的淡薄，因日常饮食中大量的食用不健康的食品，导致家庭成员出现健康问题。随着物质条件越来越好，大部分的少数民族从吃了上顿没下顿的生活状态，到食物丰富、充足的状态，又因为地区气候和食物保存的需要的缘故，一些山区的少数民族日常大量食用烧烤、熏制的高盐分的肉类，腌制的四季瓜果蔬菜等，给身体造成一定的负荷，长年累月的积累，最终导致疾病的发生。其次，家庭的就医意识问题。完善的医疗保障体系是帮助居民抵抗健康风险的有力保障。但是完善的医疗保障体系的存在却不一定等同于居民拥有较好的医疗保障水平。有研究广西贫困人口重大疾病医保扶贫指出，因存在贫困人口健康意识问题、经济问题、社会发展问题、信息披露问题和防护性措施问题等，导致地区的医疗保障工作取得一定成果，但是整体的医疗保障水平依然相对落后。[②] 人口自身的健康意识问题的凸显，主要

---

① 王滨等：《西部农牧民族地区居民疾病直接经济负担及其影响因素分析》，《中国卫生经济》2015 年第 34 期。

② 吕晨：《广西贫困人口重大疾病医保扶贫问题及对策研究》，硕士学位论文，广西医科大学，第 30—34 页。

是因为当下形势，处于较偏远地区的青年一代往往为更好的生活，选择外出务工，村子里留下的基本是老人和小孩，老一辈从艰苦年代过来，秉承农民一代的简洁朴素，在看病花钱的方面，还是选择能忍就忍、能扛就扛的做法。身体有疾病而不选择及时治疗，也许小病就拖成大病，到最后正式确诊时再进行救治，可能已经来不及了。所以，家庭成员的就医意识是否成熟也是影响家庭成员健康的重要因素之一。

四、个人不良行为导致的健康风险

对西藏农牧区贫困居民健康行为因素进行分析发现，贫困人口的性别、文化程度、婚姻状况等相关因素都与其健康行为相关，并且贫困人口的健康行为可以降低居民的疾病患病率。[①] 在物质供应充足的当下，很多人因为自身环境问题，养成了日常吃烧烤的多油、高盐食物，还日常喝大量的酒，对自身的身体造成一定的健康隐患。医学证明，长期酗酒可以发展为肝硬化、肝功能失代偿并出现腹水、上消化道出血等并发症。严重酗酒更是可以诱发广泛肝细胞坏死，造成肝功能衰竭，让身体出现不可修复的损害。世界卫生组织发布了《2018 年酒精与健康全球状况报告》，介绍了世界各地酒精消费和酒精导致的疾病负担情况，中国被"点名批评"，成了反面教材。为什么出现如此的举动，因为数据显示，在全球范围内饮酒普遍下降的大趋势下，中国不降反升。具体显示是中国人均酒精消费量增加，戒酒率下降。虽然中国的酒席文化源远流长，但是过的饮酒所带来的居民健康隐患应该引起我们的注意。因为长期的饮酒过度不仅是产生经济负担的问题，还会为健康埋下一颗定时炸弹，后期将会为此行为买单。还有就是个人因为健康知识的缺失，而导致的健康问题。我国西南地区是艾滋病毒感染者的重灾区，一个是因为处于两国的交界处的特殊位置，外来流通人群较为复杂，带来的经济、文化等冲突，会给当地的居民带来一定的负面影响，若不能得到及时的纠正，部分人容易走入歧途，自

---

① 于跃等：《西藏农牧区贫困居民健康行为因素分析》，《当代医学》2018 年第 24 期。

身和家庭的发展都将会受到影响。

以上四个方面主要是分析了民族地区贫困人口为何容易有健康风险的原因，但是导致民族地区贫困人口深受疾病困扰的这四个影响因素间不是互相孤立的，他们是互相交织影响，并共同作用于贫困人口。因为一定的自然环境，可能会限制地区的社会服务的开展，而个人也离不开家庭。所以在精准识别民族地区健康扶贫难点时，需要从多个方面考虑并实施相应的对策，才能对症下药，做好民族地区的健康扶贫，提高民族地区居民的健康水平，激发贫困人口的自身动力，提供健康的保障。

第四节　民族地区人口健康情况对地区脱贫的影响

我国的民族地区反贫困中面临着空间贫困、制度贫困、能力贫困和贫困文化四大问题。其中能力贫困具体的表现是人力资本水平低下，健康生存能力较弱和社会资本存量少，解决能力贫困是反贫困的关键所在。[①] 体现扶贫过程中注重健康问题解决的重要性。在贫困发生的原因探析方面，有研究指出，民族地区农村居民陷入贫困的原因是多维的，其中个体特征、家庭禀赋和社会保障状况是重要的影响因素。[②] 可见健康扶贫过程中，个人和家庭都是重要的政策实施对象。每个人都有可能会受到疾病的侵袭，一旦疾病来袭使个人的生存发展能力受损，原本平衡的生活状态将会被打破，且极有可能因抵抗不住疾病带来的劳动力丧失、经济负担等问题而陷入生存发展的困境。健康，既关乎个人生存发展，也关乎一个家庭甚至几个家庭在内的家族的繁衍生息。探寻个人健康和家庭整体健康对地区脱贫的影响，有助于帮助寻求健康问题根源，从而实施相应对策。

---

① 王延中等：《民族地区社会保障反贫困研究》，经济管理出版社 2016 年版，第 9 页。
② 高翔、王三秀：《民族地区农村居民多维贫困的测度与致因——兼与非民族地区对比》，《广西民族研究》2018 年第 2 期。

一、个人健康对地区脱贫的影响

健康包括躯体的健康和心理的健康，个人健康情况会对地区脱贫产生影响主要是两个方面。第一个方面是贫困人口的心理健康对地区脱贫的影响。新中国成立之初，我国就开始扶贫工作，在百废待兴的时代，贫困人口面临缺衣少食等问题，根据贫困人口的被帮扶需求，我国开始实施的不管是"救济式"扶贫，还是"输血式"扶贫都是适应历史阶段的需求而实施的，有效的解决贫困人口温饱问题等困境，我国扶贫事业也取得一定的阶段性成果。但是，物质世界得到满足的同时，精神世界的短板却在逐渐显现。仅凭"贫困"的头衔，不管是个人或群体，甚至地区就可以获得大量的优惠政策、措施的倾斜，让部分人口产生了不劳而获的"等靠要"的思想。部分贫困人口不再想着如何通过自己努力而改善自己当下的困境，自身经济并不贫困的部分人口，也千方百计为自己扣上"贫困户"的头衔，以争当"贫困户"为荣。因为受这些不健康思想的影响，贫困人口的不配合，没有被评选上"贫困户"的妒忌心理等社会矛盾出现，将会对地区基本完成脱贫工作产生较大的不良影响。

第二个方面是贫困人口的躯体健康对地区脱贫的影响。个人躯体健康主要受疾病影响，一旦个人健康出现问题，极大可能使个人劳动能力受损，甚至丧失劳动能力，个人的发展也因此受到影响。有研究对农村居民健康与个人发生贫困概率进行探讨指出，其中存在着两组关系：一是农村居民健康状况对个人收入呈显著的正相关性，二是农村居民健康状况与个人贫困发生率呈负相关关系。[①] 可以知道的是，个人的健康问题不仅影响自身收入，还有可能因为健康问题而陷入贫困的困境。同理，张仲芳也指出，居民健康水平的下降，会致使其面临更高的贫困脆弱性，并且我们不仅要把反贫困政策的目标锁定于贫困人群的脱贫问题，还要做好非贫困人

---

① 曾晨晨：《农村居民健康对我国农村人口相对贫困的影响——以我国中西部地区为例》，《农村经济》2010 年第 9 期。

群和脱贫人口因脆弱性而陷入（或重新陷入）贫困的防范工作。① 所以，地区政府在地区的扶贫过程中，不仅要加大对贫困人口健康管理的干预工作，还需要做好非贫困人口的健康问题的预防工作，防止因地区人口深受健康问题困扰而影响地区整体脱贫。

二、家庭健康对地区脱贫的影响

家庭是地区基本单元之一，是个人日常生活的载体，与独立的个人相比，家庭并不是简单地把独立的个人放在一起，而是包含同在一个家庭里生活的人之间互相联系、互相影响的密切关系。部分问题需要把个人放在整个家庭的背景下，才能更详细了解问题原因所在，因而关注家庭的整体健康情况，对地区脱贫具有重要的意义。家庭健康对地区脱贫的影响具体可以从以下两个方面分析：

第一个方面是因疾病给家庭带来的直接或间接的经济压力。对西部 9 省 1214 个因病致贫户进行调查分析，发现这些贫困户因疾病致贫的原因主要是，生病后丧失了劳动力，治疗费用中自付费用过高和报销比例低。② 一般的农户主要依靠务农为生，家庭经济基本只能维持日常的生活，一旦大病、重病来袭，非主要劳动力患病，巨额的花费也会给家庭带来较大的经济压力，若是主要劳动力因疾病而丧失基本的劳动能力，巨额花费与家庭主要经济来源的阻断，将毫无意外地压垮家庭经济，致使整个家庭陷入贫困的困境。

第二个方面是面对疾病时家庭自身的脆弱性问题。学者研究指出，居民会因为自身健康水平的下降而面临更高的贫困脆弱性，农村贫困的主因仍然是因病致贫和因病返贫。③ 家庭同样也面临着脆弱性的问题。伴随市

① 张仲芳：《精准扶贫政策背景下医疗保障反贫困研究》，《探索》2017 年第 2 期。
② 汪辉平等：《农村地区因病致贫情况分析与思考——基于西部 9 省市 1214 个因病致贫户的调查数据》，《经济学家》2016 年第 10 期。
③ 王黔京等：《民族地区农村家庭健康现状调查与健康精准扶贫策略研究——基于云南省的抽样数据》，《贵州民族研究》2017 年第 38 期。

场经济和现代化进程的推进，脆弱性贫困逐渐成为当前扶贫的突出特点。而脆弱性贫困指个人或家庭因为风险事件的存在和风险响应能力低下的缘故，个人或家庭可能在未来需要承受的某种负面结果。[①] 在这里，若生活在同一个家庭里某一个成员甚至几个成员患病，将不再是作为独立个体而存在，而是整个家庭需要面对的问题。对于一个普通的家庭来说，面对大病、重病的侵袭，因为家庭成员共同的责任，往往会倾尽全力共同面对，而这也往往容易导致一个家庭的正常生活秩序被打乱，因为疾病不仅使患病者，更是患病者所在的整个家庭陷入生活的困境。

个人健康与家庭健康并不是相互独立的，前者包含于后者。为何我们需要注重扶贫过程中的健康问题，除了回应现实帮扶需求，更是我们需求扶贫过程中内源性动力激活的需要。相较于现存的其他精准扶贫方式对被帮扶人的外部性改造。健康扶贫是属于内部性改造，是从根本上做好对贫困人口的疾病的干预、治疗乃至治愈工作，和改变不良生活习惯等工作，达到从内部干预健康资本消耗方式，实现劳动力释放解决"因病致贫"的问题。[②] 对于个人和家庭来说，一旦遭遇大病、重病的侵袭不仅要面临丧失劳动力，失去经济来源的问题，还将面临巨额的花费和其他生存问题。就整个地区而言，无论是个人因为疾病丧失劳动力，还是一个家庭因为存在患病成员其正常的生活秩序失衡，这都会对地区的经济产生影响，并且不利于地区脱贫完成。所以，针对以上人口健康与贫困之间存在的关联，地区政府需要加大对地区人口的健康问题健康管理，积极进行地区医疗资源的投入、落实各项人口健康保障措施，激发个人和家庭的自我发展潜力，减少地区的个人或家庭因为疾病侵袭而陷入发展困境。

---

① 郭佩霞、朱明熙：《西南民族地区脆弱性贫困研究》，西南财经大学出版社 2017 年版，第 27 页。

② 梁鸿：《用"三精准""四联动"破解"因病致贫"》，《中国社会保障》2018 年第6 期。

三、影响个人与家庭健康脱贫的因素

1. 长期的生活环境产生的健康脱贫问题

我国民族分布具有"大杂居、小聚居、交错杂居"的特点，其中相较于大部分的汉族聚集在东部地区，我国的少数民族又大部分集中居住在中部地区和西部地区，并且我国的地势呈现西高东低的阶梯状特点。所以，我国的少数民族一般居住在偏远的、地势较高的位置，对他们的个人健康有一定不利的影响。首先，居住环境的湿冷、高寒等特点，不仅直接影响当地居民个人的健康，容易患上风湿病等疾病，还会通过饮食习惯间接地影响个人的健康，例如寒冷地区居民用烧烤的方式制作食物、加热食物等生活习惯。其次，偏远的位置影响他们就医的便利程度。据我国国家健康卫生健康委员会公布的2019年全国卫生机构数据，截至2019年5月底，全国的医疗卫生机构个数为100.4万个，相较于上一年的5月，全国医疗卫生机构个数增加了7819个，其中，虽然专业公共卫生机构减少了1865个，但医院增加了1689个，而基层医疗卫生机构增加明显，个数增加了7921个，基层医疗卫生机构的总数为94.9万个。可以看到，随着国家的进步与发展，我国在医疗资源方面的建设与投入也在不断地增加，不断地提高国内的医疗卫生水平，在医疗服务方面增强人民的获得感与幸福感。在地域上，不仅注重城市的医疗建设，也加大对乡村卫生条件的改善，用实际行动解决乡下群众"看病难"等问题。虽然基层的医疗机构增多了，但对于某些重特大疾病的发现与救治，仍需要大医院才可以解决。这样不利于村民一些疾病的及时发现，并进行治疗，以至于隐藏的疾病一旦被发现，患者的病情也许已经到了较严重的地步，再进行救治，在治疗效果方面也许不能获得较好的结果。

2. 贫困户自身脆弱性导致的健康脱贫问题

我国的医疗保障制度不断的完善，人们能享受到更全面、更高水平的医疗保障，并且针对贫困治理过程中因疾病而出现的致贫、返贫问题，国家实行健康扶贫的行动，切切实实帮助一大批人顺利摆脱因疾病带来的困境。但是，据有学者研究发现，在当下的扶贫医疗救助过程中，仍然存在着报销比例过低、部分大病病种没列入医保目录、对部分特殊人口的医疗保障兜底，地方政府兜底压力巨大等问题存在。[①] 这是贫困治理过程中的贫困户，特别是因疾病而产生经济问题的贫困户脱贫的不利条件。并且，从2016年始，国家推行实施城乡居民医疗保险，提高了农村医疗保障的公平性。但是，因城市和农村之间仍然存在医疗资源分布不均、医疗卫生服务能力不同、"缺医少药"的差异，相较于城市居民，农村居民在新农合的庇护下，就医的经济负担减轻了，但是仍面临着就医后的健康结果方面的问题。[②] 可以看到，即使就医的经济压力得到一定程度上的减轻，但享受的就医服务与获得就医效果仍需提升，否则，居民自身健康状况得不到有效改善，想要拥有自力更生的发展能力仍具有一定难度。就贫困户自身的原因而言，因为贫困户本身具有脆弱性的问题相较于普通家庭，贫困户本身家庭经济水平不高，一旦患病，不仅会增加家庭的支出，还会因劳动力的生存发展能力的减弱，使得家庭经济收入受到影响。一增一减，使得个人的脱贫难度增大。就整个家庭而言，一旦家庭出现患病成员，在外部条件帮扶后，若仍需要支付超过整个家庭经济承受能力的医疗花费，那么这个家庭始终难脱身贫困的旋涡。可见，疾病的侵袭加重了贫困户的脆弱性，贫困户这种雪上加霜的处境是健康扶贫过程中需要克服的困难之一。

青海省健康扶贫：对症下药，助力脱贫攻坚战

2019年1月27日在青海省第十三届人民代表大会第三次会议上，青海省省长做青海省政府工作报告，其中进行了未来一段时间内九个重要方面工作的明确，关于脱贫攻坚方面，其指出青海省将推进"绝对贫困人口'清零'"工作。即在接下来的一

---

① 蔡进华等：《基于疾病预防视角对医疗扶贫的思考》，《中国健康教育》2017年第33期。

② 周坚等：《基本医疗保险减轻了农村老年人口贫困吗——从新农合到城乡居民医保》，《社会保障研究》2019年第3期。

年内：确保剩余的 17 个贫困县全部摘帽、170 个贫困村全部退出和 7.7 万贫困人口全部脱贫。① 回顾青海省 2015 年至今的贫困治理过程，青海省是有底气的。在脱贫攻坚首战之年——2016 年，青海省取得"开门红"：实现 6 个贫困县摘帽、404 个贫困村退出、11.9 万贫困人口脱贫。并且，贫困发生率从 2015 年底的 13.2% 下降到 10.3%。② 在 2018 年，实现 526 个贫困村退出、17.6 万贫困人口脱贫，12 个贫困县有望顺利摘帽，贫困发生率由 2017 年底的 8.1% 下降到 2.5%。③

　　因病致贫和因病返贫是我国扶贫治理后期一个重大的克服难点，为此，青海省也积极地采取措施进行应对，并取得较好的成果。其健康扶贫的数据也说明，在地区贫困治理过程中，对症下药的重要性——针对因病致贫和因病返贫的现状，健康扶贫是地区贫困治理不得不重视的一个方面。据 2019 年 10 月 11 日相关报道得知，青海省聚力实施贫困人口托底医疗保障、贫困地区基层医疗卫生机构能力提升、贫困人口大病和慢性病精准救治、贫困地区重点传染病和地方病综合防控、贫困地区妇幼健康和健康促进、深度贫困地区健康扶贫等六大攻坚行动，健康扶贫工作精准有效。实现全省建档立卡因病致贫返贫人口由 2016 年的 7.8 万人，减少到目前的 1.4 万人，减少了 6.4 万人。④

　　青海省在健康扶贫方面取得如此大的成果，主要是因为青海省对健康扶贫工作的科学规划与实施：在党中央做出脱贫攻坚重大决策部署后，青海省卫生健康系统贯彻落实省委省政府关于脱

---

① 数据转引自王红玉、杨阳：《2019 年青海省政府工作报告（全文）——2019 年 1 月 27 日在青海省第十三届人民代表大会第三次会议上省长刘宁》，《人民网》2019 年 2 月 2 日。

② 数据转引自央广新媒体文化传媒（北京）有限公司：《2016 年青海 11.9 万贫困人口实现脱贫》，《央广网》2017 年 11 月 6 日。

③ 数据转引自方永磊：《青海：2019 年力争实现全省绝对贫困"清零"》，《央广网》2019 年 3 月 20 日。

④ 数据转引自王红玉、杨阳：《青海省建档立卡因病致贫返贫人口减少 6.4 万》，《人民网》2019 年 10 月 11 日。

贫攻坚的一系列工作部署，以深度贫困地区和计划脱贫摘帽县为重点，以持续实施"三个一批"行动为抓手，围绕"看得起病、看得上病、看得好病、少生病"总目标，进一步完善健康扶贫长效机制。具体工作包含以下方面：首先，不断进行病种的扩大，先后三次扩大专项救治病种，将大病救治病种由 14 种扩大到 30 种。实现截至 2019 年 7 月底，全省 30 种大病贫困人口罹患人数 15981 人，已救治 15956 人，救治率 99.84%。其次，在贫困人口慢性病服务方面，实现贫困人口慢性病签约管理服务全覆盖，履约率达 90%。再者，全省的重病兜底保障有序推进，面向患病贫困人口同步实行"六减四优先十覆盖"政策，全省各级医疗卫生机构累计让利于民 2.5 亿元。最后，进行对口帮扶工作机制的创新，实现了 83 所州县医院对口帮扶全覆盖，北京、天津、上海、江苏、浙江、山东等六省市对口援青成果持续扩大。①

① 数据转引自王红玉、杨阳：《青海省建档立卡因病致贫返贫人口减少 6.4 万》，《人民网》2019 年 10 月 11 日。

第五章 少数民族地区生计与可持续减贫

第一节 民族地区的传统生计及其变迁

少数民族农户生计问题一直是扶贫开发和脱贫攻坚的一个难题。在党和政府的帮助扶持下，提高贫困人口的谋生和发展能力，帮助扶贫对象建立可持续生计，是内源式发展要义之一。

一、少数民族地区传统生计

尽管不同时期、不同民族和地区之间的经济和发展水平存在差距，不同民族地区之间所从事的生计，以及其对环境依赖的程度不同，但中国民族地区一般形成了以农（牧）业为主，家庭手工业作为副业的小农经济传统生计模式。其主要生计类型可概括为五个方面：采集渔猎型、高山草场畜牧型、山林刀耕火种型、丘陵稻作型和混合过渡型[①]。

少数民族传统生计方式的主要特点在于：

（1）脆弱性　对自然、物质有较高依赖性。我国是农业大国，农业人口占总人口比重大，是我国自然、物质资源开发和利用的重要主体之一。少数民族地区贫困户主要是以当地农户为主，农民和农户的生计活动是以自然、物质资源为基础的农业生产活动。采集渔猎、畜牧与农耕等传统生计方式在生产方式和形式上不尽相同，但都高度依赖于农户所处生计

---

① 余晓慧、陈玉柱：《浅析西南少数民族地区的经济文化类型》，《和田师范专科学校学报》（汉文综合版）2008 年第 28 期。

空间的自然、物质环境。传统的生计方式下的生计结果容易受到自然界的影响，当地农民生计收入随着自然环境的变化而产生波动。

（2）单一性　以纯农型生计为主。少数民族地区农户大部分从事与农业生产相关的活动，生计方式主要以纯农型为主。学者吴海涛对滇西南山区农户的调查发现，农户生计活动以粮食作物生产为主，经济作物种植面积占所有作物播种面积的 39.57%，绝大部分劳动力在从事农业生产活动，仅有 9.14% 的农户从事非农活动[1]。

（3）不可持续性　抗风险打击能力弱。就生计要素层面而言，贫困户主要面临的风险有：生计资本风险、生计能力风险、生计策略风险。物质资本匮乏是贫困农户的基本特征[2]，特别是在我国自然生产环境恶劣，基础设施条件相对较差的连片贫困地区和民族地区尤为明显。贫困农户的生计活动通常面临着各种气象、地质灾害风险以及森林火灾等意外事故风险。少数民族地区农户生计方式以纯农型为主，对自然环境有较大的依赖，生计方式和生计资本单一，当贫困农户遭遇外部环境变化、家庭变故、失业或灾害等风险时，单一且脆弱的传统生计方式就难以为继。

二、民族地区传统生计的发展与演进

新中国成立以来，包括少数民族地区在内，整个中国社会经历了较大的社会变迁，传统生计随着民族地区区域的经济转型而发生巨大变化。民族地区生计变化的总体趋势是从以农牧生计向定居农业转变，再到当代一些新兴混合型生计作为补充或主导[3]。

以政治为出发点对生计方式与生产关系进行的突变式改造和以市场经

---

① 吴海涛等：《杂交玉米技术采用对山区农户生计的影响分析——来自滇西南的实证》，《中国农业科学》2013 年第 46 期。

② 王磊：《贫困农户生计风险管理策略研究——基于可持续生计分析框架》，《贵阳学院学报》（社会科学版）2017 年第 12 期。

③ 吴海涛等：《杂交玉米技术采用对山区农户生计的影响分析——来自滇西南的实证》，《中国农业科学》2013 年第 46 期。

济为出发点的改造是少数民族的经济转型的特点①，与之对应的是国家强有力资源配置调控下的集体化生计和资源配置市场化下的个体化生计②，主要特点是生产资料、生计资源严格受到国家强有力管控和生计策略受到国家政策的干预。

国内学者指出，1840—1949 年是中国各民族生计缓慢变迁的维系期③。那么，新中国成立至 20 世纪 70 年代末，是中国少数民族生计方式转型的第二阶段。国家强有力地对整个社会资源进行资源配置，推动了生计方式前所未有的整体重塑。1949—1958 年在全国范围内进行渐进式土地改革。普通家庭都大致平等地获得了土地等生产资料，少数民族开始从游猎生产向定居生产的生计转变。该时期少数民族地区乃至全国范围内，生计方式在生产技术水平上并未改变传统的生产技术和生产模式——仍旧以家庭为单位的小农生产生计方式。

1958 年中国开展人民公社化运动，国家对资源进行高度统一的资源配置，各民族生计方式从多元趋向单一。生产资料全面公有，强制集体劳作，限制商品流通、统购统销。少数民族在生计方式上较少或没有自主权和选择权，农耕生计困难，其他养殖业、手工业、林业、商贸等生计停滞发展。

1978 年改革开放至 2000 年前，各民族以定居农耕为主的生计方式，同时，其他现代生计方式逐渐兴起，少数民族地区逐渐向汉族地区趋同。家庭联产承包责任制先后在各民族群体中落实，传统农耕方式实现了空前增长。

进入 2000 年后，随着新兴农作物的种植推广、牲畜的规模化养殖，在农业生产形式上仍保留传统的定居农耕生计方式，但随着产量的提升，少数民族地区出现以买卖农产品赚取利润为谋生的生计方式；畜牧业、手

---

① 毛舒欣等：《西南地区少数民族传统生计变迁与农户生计安全》，《生态报》2018 年第38 期。

② 郑宇：《中国少数民族村寨经济的结构转型与社会约束》，《民族研究》2011 年第 5 期。

③ 郑宇：《中国少数民族村寨经济的结构转型与社会约束》，《民族研究》2011 年第 5 期。

工业等经济产物也得到极大发展，非农生产生计方式给少数民族地区带来更多的收入。同时，农村劳动力以务工方式得以从农村地区向城市流转，外出务工成为新兴的生计方式。

2010年以后，多样化的现代生计方式，冲击少数民族地区本土传统的生计方式，少数民族生计及其资源配置方式正在被市场经济加速整合并结构化，从而与汉族群体日趋同质。在快速城市化影响下，农户生计资本拥有量与结构配置发生了转变，影响着农户生计策略的选择，促进了生计方式的转型。少数民族依靠当地民族文化、土地等优势资源，在市场经济中探索新兴生计的方式，包括当前兴起的乡村旅游、民族手工艺、乡镇企业及土地出租等。有学者指出，以传统的种植业、养殖业为主的农村经济产业模式正在向以生产经营性、服务性产业为主、农业生产为辅的模式转变的趋势[1]。部分地区从事非农业生产已成为农户生计的重要方式，非农生产收入已经成为家庭收入的主要来源。

第二节 可持续生计发展概念的提出及发展

可持续生计发展（Sustainable Livelihood，SL），最早由布伦特兰环境与发展委员会提出，在1992年联合国环境与发展大会上被拓展，并成为全球的减贫目标。可持续生计发展是对传统的以低收入等定义贫困的减贫思维和路径的一种突破，旨在通过关注经济、生态和社会等因素对人们能力的制约或强化，以及贫困的脆弱性和社会排斥问题，促成贫困者生活方式的可持续性。

20世纪80年代中期由西方学者肯贝斯（Chambers）[2]首次提出"可持续生计"理论，并将农村生计可持续性定义为："一个完整的生计维持系统（如图5-1所示）包括能力、资产（包括资产存量、自然资源、合

---

[1] 郑宇：《中国少数民族生计方式转型与资源配置变迁》，《北方民族大学学报》（哲学社会科学版）2015年第1期。

[2] Chambers, R. and Conway, G. R. 1992. "Sustainable Rural Livelihoods: Practical Concepts for the 21st Century." IDS Discussion Paper, No. 296.

法权利和机会）以及维持某种生活方式所必需的活动。"

持续的生计意味着："能够应对各种压力和打击从中恢复过来；能够保持或者提高自身的能力和资产；能够给予下一代可持续性生计机会，并能够在近期和更长远的时期，在地方和全球层面给其他人群的生计带来净利。"该理论主要注重对引起贫困的深层次因素进行理性思考，比如生计发展的限制因素，发展能力和机会的缺乏等。

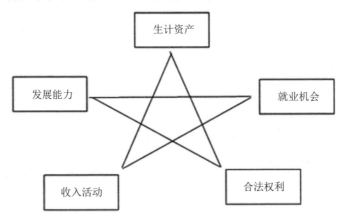

图 5-1 "肯贝斯"生计维系系统

随着研究的深入，肯贝斯和康维（Chambers and Conway）将"生计"定义为："生计是谋生的方式，该谋生方式建立在'能力''资产'（包括储备物、资源、要求权和享有权）和'活动'基础之上。"[1] 接着，Frankenberger[2] 将家庭生计可持续性定义为：一个家庭或社区具有维持和提高收入、资产和社会福利的能力，并保障家庭从风险中恢复可持续发展。

随后，联合国"世界环境与发展大会"首次定义了"可持续生计"这一概念，将其明确为："可持续生计是指个人或家庭所拥有和获得的、

① Chambers, R. and Conway, G. R. 1992. "Sustainable Rural Livelihoods: Practical Concepts for the 21ˢᵗ Century." *IDS Discussion Paper*, No. 296.

② Frankenberger T. Drinkwater, M. Maxwell. *Operationalising Household Livelihood Security: A Holistic Approach for Addressing Poverty and Vulnerability*, CARE, 2000.

能用于谋生和改善长远生活状况的资产、能力和有收入活动的集合。"①

国际发展部（DFID）② 认为，相较于能力、资产，为贫困者提供可持续性生计发展的机会更为重要。近些年来，世界银行、联合国开发计划署、英国国际发展机构等国际援助机构不断将可持续生计理论拓展，并将可持续生计方法运用到反贫困的研究和实践中。在众多的理论框架中，以英国海外发展部（DFID）③ 建立的可持续生计分析框架（SLA 框架）最为典型，目前被国内外组织和学者认可。（图 5-2）

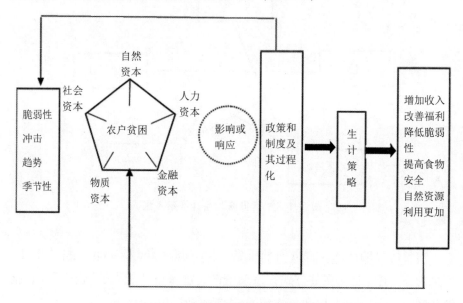

图 5-2　可持续生计分析框架

从图 5-2 可以看出，SLA 框架将生计资本划分为人力资本、社会资本、自然资本、物质资本和金融资本。在自然环境、制度政策及文化等因素作用下形成的脆弱性环境中，如何利用现有的生计资本和可能的生计策

① 赵曼、张广科：《失地农民可持续生计及其制度需求》，《财政研究》2009 年第 8 期。

② DFID, UK. *Sustainable Livelihoods Guidance Sheets*, London：UK DFID Department for International Development, 2007.

③ DFID, UK. *Sustainable Livelihoods Guidance Sheets*, London：UK DFID Department for International Development, 2007.

略去提升生计水平，反映出农户生计资本结构、生计过程和生计目标之间的交互变化和相互作用。可以看出，在脆弱性背景下，在政策法律与文化制度的相互作用下，作为可持续生计框架核心的生计资本，决定了生计策略采用的类型，进而导致相应的生计输出结果，生计结果有反作用于生计资本，影响资本的性质和状况，以此循环往复。

总的来说，可持续生计由来及发展主要经历了4个阶段（表5-1），包括：第一阶段为可持续生计概念萌芽期（20世纪70年代至80年代初）；第二阶段为可持续生计方法的成型期（1987—1995年）；第三阶段为可持续生计框架的完善期（1996—2001年）；第四阶段为可持续生计方法的创新与拓展期（21世纪以来）。

表5-1　国际可持续生计观念由来及发展

时　间	可持续生计概念的由来和发展
20世纪70年代	西奥多·舒尔茨提出：农业经济理论和人力资本
20世纪80年代初	厄普霍夫提出"有援助的自力更生战略"观点
1987年	世界环境与发展委员会发布报告《我们共同的未来》：提出了"可持续发展"的概念，针对当前的环境、能源、生态等危机，为实现人类发展的需要必须改变当前的发展模式
1988年	国际环境发展研究所发表文章《绿化援助行动：可持续生计实践》
1990年	联合国开发计划署发布第一篇人类发展报告
1992年	巴西里约热内卢举办联合国环境与发展大会：社会发展与研究（IDS）发表文章《可持续农村生计：21世纪实用新理念》
1993年	Oxfam采用：可持续生计方法； 维也纳召开的世界人权会议
1994年	CARE采用农户生计安全框架； 巴巴多斯布里奇敦召开的小岛屿发展中国家可持续发展全球会议； 开罗召开的国际人口与发展会议
1995年	《哥本哈根宣言》较全面地提出可持续生计观念的内涵：经济发展、社会发展和环境保护是可持续发展中相互依存也是彼此加强的三部分。认为要让穷人有能力以可持续方式利用环境资源的公平的社会发展是可持续发展的一个必要基础。 联合国发展计划署采用"就业与可持续发展"作为其整体的人类发展任务的五项优先事项之一，作为反贫困的概念和规划纲要。 第四届世界妇女大会：指出全社会要有针对性地创造有利于妇女发展的环境，使妇女能够发展和维持可持续的生计方法。

续表

时　间	可持续生计概念的由来和发展
1996 年	英国新工党政府发布第一份国际发展白皮书《消除世界贫困：21 世纪的挑战》
1997 年	DFID 成立农村生计咨询小组（Rural Livelihoods Advisory Group）； DFID 建立可持续生计虚拟资源中心及可持续生计主题小组； FAO 与 UNDP 就"关于支持可持续生计及食物安全途径及方法"议题举行第一次非正式工作小组会议
1999 年	DFID 成立可持续生计支持办公室（Sustainable Livelihood Support Office），发布"可持续生计指导报告"
2000 年	FAO 组织可持续生计方法运作的机构间论坛（参与者包括 DFID、WFP、IF-AD）； 英国政府发布第二份白皮书《消除世界贫困：让全球化为穷人服务》； 联合国发布《千年发展目标》
2001 年	DFID 建立切实可行的政策以支持可持续生计
21 世纪以来	联合国通过了《2030 年可持续发展议程》

从可持续生计发展概念发展和演变可以看出，可持续生计理论特别强调个人自身能力的发展。资产不仅包括有形资产，也包括自身的技能、社会交往圈子，以及社会关系和自身生活的决策能力等无形资本。因此，生计可持续战略是通过运用不同类型的资产的生计策略而获得可持续发展的能力。

由此可知，可持续生计理论最核心的内涵是可持续性，个人生计状况持续改善与维持是其核心。只有当一种生计能够应对各种生存压力，并在压力和打击下得到恢复，能够在当前及未来维持和改善其能力和资产，同时又不破坏自然资源基础，这种生计才是可持续性的。尽管学术界对"可持续生计"概念的内涵理解存在一定差异，但至少有三点得到学界认可：（1）注重解决个人生计的持续性和长久性，预防个体陷入贫困；（2）坚持以人为本，注重提升个人的谋生和发展能力；（3）解决个人可持续生计问题最有效的途径是有稳定持续的收入来源，即有效就业机会和收入活动。

一、个人生计的持续性和长久性

生计资本包括自然资本、物质资本、金融资本、人力资本和社会资本。那么，贫困人口层面的生计资本就包括可利用耕地、林地、农户的房屋、家庭耐用消费品、生产工具等。而家庭储蓄和贷款则不属于直接的生产性资本，他们在农户生计资本组合中通过转化成为其他形式的生计资本。就人力资本而言，一般包括家庭中的劳动力的数量和质量，如年龄、受教育程度、健康状况、技能等方面。社会资本则是指农户在农村社区中，基于血缘关系的家庭网络、基于地缘关系的邻居网络和基于情感关系的朋友网络。

在以生计资本和生计策略为重点的可持续生计分析和实践中，主要的目标就是消除那些羁绊生计稳定发展的不利因素，构建可持续发展的基础，培育生计发展的能力，只有这样才能使生计基础变得更强大、更健全，从而能够更好地实现他们自己的生计目标。那么可持续生计发展的基础和前提就是在有限的、可获取的生计资源条件下，树立可持续发展的生计资源观，为适应和匹配民族地区生计环境变化，应对日益减少的生计资源，减少对低收益生计路径的依赖，对生计实现过程进行改进和优化，最终实现生计资源的可持续利用，可持续发展。

二、个人谋生和发展能力的可持续性

"生计策略"是指个人为达到生计目标而进行的活动或做出的选择或某种组合，包括生产活动、投资组合、再生产投入等①。在大多数的情况下，对于生计策略可以理解为各种生计活动的组合或综合运用，在一定语境下二者是可以互换的。生计策略是人们对资本利用的配置和经营活动的

---

① DFID, UK. *Sustainable Livelihoods Guidance Sheets*, London: UK DFID Department for International Development, 1999.

选择，以便实现他们的生计目标。其中包括了生产活动、投资策略、生育安排等等。在考虑制定农户生计时，人们考虑了脆弱性环境的影响，以及从制度和组织的外部环境可能得到的支持或遇到的阻碍。农户生计策略是动态的，随着外部环境条件的变化而调整，改变着对资本利用的配置和经营活动种类、比例的构成。大多数的研究和实践仍然将生计活动和生计策略的内容局限在农户的生产活动上，有代表性的如 Scoones（1998）[1] 把生计策略大体分为三大内容，包括农业的扩展和集约化，多样化和迁移等。

多样化生计对于农户特别是发展中国家的农民具有重要意义，虽然研究中对这种意义的具体形式仍然存在不同的意见。许多学者也对生计策略多样化提出疑问，比如它能否给农户带来持续稳定的收入[2]，农村的贫富差距是否扩大或农户风险是否得到有效降低[3]，以及农业生产资源的利用是否更加密切还是更加分离等[4]，但是，作为一种能力，农户是否能够多样化活动本身也是可持续生计的重要元素之一。构建农户的生计多样化能力，对于提升生计安全，生计方式的可持续性，增加农户收入等有着积极作用[5]。

农户的生计策略决定了其生产行为和消费行为，进而决定了其收入来源和消费情况。农户的收入来源主要包括农业生产和非农业生产。一方面，农业多样化生计策略能够使农户在新的机会中，特别是在市场经济中获利。研究表明，多样化的农业生产在消除贫困的同时，也有利于生态环

---

① Scoones. 1998. "Sustainable Rural Livelihoods: A Framework for Analysis." IDS Working Paper 72.

② Stark, O., "The Migration of Labor", *Cambridge Massachusetts/Oxford England Basil Blackwell*, 26 (4), 1991.

③ Evans, Ngnau, "Rural-urban Relations, Household Income Diversification and Agricultural Productivity", *Development and Change*, 22 (3), 1991.

④ Carter, M. r., "Environment, Technology, and the Social Articulation of Risk in West African Agriculture", *Economic Development and Cultural Change*, 45 (3), 1997.

⑤ Scoones. 1998. "Sustainable Rural Livelihoods: A Framework for Analysis." IDS Working Paper 72.

境的保护和可持续生计的构建，相关政策应当为这类多样化行为提供帮助①。另一方面，许多贫困农民很难从现代经济发展过程中受益，其重要原因在于他们往往被市场排斥，生产方式仍然是自给自足，生产种类仍然是以传统的粮食作物为主。市场的扩张既体现在传统农业向现代化商业农业的过渡上，也体现在农户资本与收入来源的多样化上。非农活动是多样化的重要组成部分，相对于农业多样化和结构多样化，收入多样化意味着非专业农户资本被用到与农业无关的非农业生产活动中。在经济转型地区特别是我国西南部民族地区，农村可耕作土地相对不足，劳动力过剩，"非农"活动既是农户的重要收入来源，也是其风险规避的一个重要手段。可以说，非农多样化生计方式代表着农村经济发展的一种新前景。

同时，农户的生计策略还涉及其所从事的职业和行业，以及农户的时间安排。此外，由于农业生产活动受自然环境的影响很大，尤其是极易受到自然灾害和气候变化的影响，因此，在分析农户的生计策略时还要考虑农户应对一些突发事件的措施与手段，以此来考察农户的抗风险能力。

三、生计方式可持续发展相应的制度和组织

Scoones②的可持续农村生计分析框架显示，在不同的背景下，农户和其他决策主体通过获得生计资源与不同的生计策略相结合的方式来实现可持续生计（见图5-3）。

从Scoones的可持续农村生计分析框架中可以看出，农户在一定的背景下，如政策、政治、历史、农业生态和社会经济状况，结合生计资源（不同形式的资本）实现不同生计策略（农业集约化及扩大化、生计多样性和迁移），从而取得不同的生计结果。农户实现不同生计活动的能力依赖于个人可获得或拥有的有形和无形资本，是家庭及个体可持续生计的重

①　Perz. S. G. , "The Effects of Household Asset Endowments on Agricultural Diversity among Frontier Colonists in the Amazon ", *Agro Forestry Systems*, 63（3）, 2005.

②　Scoones1998. "Sustainable Rural Livelihoods：A Framework for Analysis." IDS Working Paper 72.

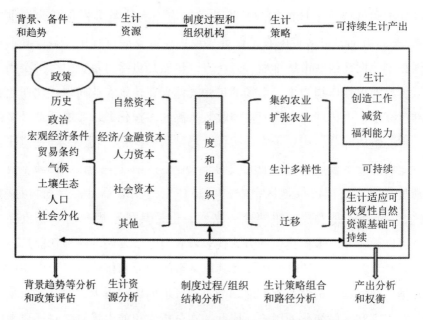

背景、备件 ———— 生计 ———— 制度过程和 ———— 生计 ———— 可持续生计产出
和趋势　　　　　　资源　　　　组织机构　　　　策略

图5-3　Scoones（1998）的可持续农村生计分析框架

要构成部分。从长期来看，可持续生计与生计能力经常互为条件，推动家庭及个体的可持续发展。而生计策略的实现过程中可能会受到来自组织和制度的支持或阻碍。

第三节　可持续生计方式与减贫

贫困人口之所以贫困，不能持续脱贫是因为其缺乏基本的发展能力和权利，在社会生活中处于被排斥的边缘状态，缺乏有效的应对能力。贫困意味着贫困人口缺乏获取或享有正常生活的能力[①]，社会生存、适应及发展能力的欠缺与低下是贫困的内在根本性原因，消除贫困重点在于通过重

---

① 秦龙金：《精准扶贫与铸牢中华民族共同体意识之关系分析》，《现代商贸工业》2019 年第 40 期。

建和提升个人能力，并从概念上将贫困定义为能力不足而不是收入低下①。从这个意义上来讲，贫困问题就是能力问题。而消除贫困的关键就在于提高贫困人口的谋生和发展能力。

可持续生计既是减贫目标，也是一种综合能力。根据能力贫困理论可知，贫困户的自力更生发展能力是可以作为减贫效果评估的标准之一。精准扶贫是帮助贫困人口从根本上消除导致贫困的各种因素和障碍以达到可持续脱贫、不返贫，意味着减贫不仅要增加贫困人口的收入，更要实现贫困人口的可持续生计。可持续生计是以贫困人口生存和发展能力建设为核心、以谋求脱贫致富为目标，作为个人和家庭为改善长远生产生活状况所获得的谋生能力、所拥有的资产、可借助的外部支撑条件以及以收入创造为核心的行动。

可持续生计与减贫相互促进。新时期的减贫是在消除绝对贫困的基础上，注重重建和提升贫困人口的生存和发展能力，注重激发贫困地区和贫困人口内生动力，倡导以自力更生为主，外部力量帮扶为辅。精准扶贫方略下的各种减贫手段都要求提升益贫性，即不论采用何种减贫手段，都要保证其真正有益于帮助贫困地区和贫困人口脱贫减贫，实现包容性增长和可持续发展。技能培训、贷款支持、产业扶贫和教育扶贫等减贫手段可以有效提高贫困人口可持续生计能力，精准扶贫一定程度提升了贫困人口经济能力和社交能力②。反过来，发展能力提升，促进家庭生计状态改善和可持续，及时避免脱贫人口返贫，直接减少农村贫困户的增量贫困。

一、可持续性生计方式提升贫困户适应能力

适应能力最初是源于生物学，用于研究生物个体面对自然变化的生

---

① 王振振、王立剑：《精准扶贫可以提升农村贫困户可持续生计吗？——基于陕西省 70 个县（区）的调查》，《农业经济问题》2019 年第 4 期。

② 王振振、王立剑：《精准扶贫可以提升农村贫困户可持续生计吗？——基于陕西省 70 个县（区）的调查》，《农业经济问题》2019 年第 4 期。

存、繁衍能力。对于人类而言，适应能力是指个体面对社会环境变迁、生存空间变化适应的能力，它不仅包括生存和繁衍的能力，还包括自然能力、物质能力、金融能力、劳动能力、学习能力和社会能力6个维度①。对于贫困地区居民来说，是个体因环境变迁做出相对应生计适应的过程。一是改变现实的生存、居住环境使之适合个体自身发展的需要；二是改变自己的态度、价值观，接受和遵从新情境的社会规范和准则，主动地做出与社会相符的行为；三是自行采取多种适应性策略，以一种更加持续的生计方式应对环境变迁。

外在生计环境的变迁需要个体及家庭在一系列分析和认识的基础上，基于自身生计条件，对生计面临的威胁和机遇进行识别，化解所存在的风险，建立和谐的人地新关系。可持续生计本质上体现的是一种面对环境变迁持续不断适应的能力，包括生产方式适应、生活方式适应、文化适应等。以我国牧区农牧民的环境适应为例，畜牧业是传统牧民生计方式之一，伴随着草原牧区人口增加，草原上畜群规模的逐渐庞大，草地资源越来越多地被开发利用，草原持续超载放牧，加之开垦种地，草地资源不断减少，产草量下降，植被覆盖度降低，沙漠化、饥荒化严重。在这种情况下，依赖畜牧业为生、单一收入来源的牧民面临着生计风险。一方面，气候灾害增加直接导致牲畜数量减少。另一方面，气候灾害导致畜牧业成本的增加。连续的干旱导致草原可供牲畜食用的草地面积减少，必须购买更多的草料供牲畜食用；雪灾灾害对牲畜损伤严重，牧民必须通过加大棚圈的建设，固定棚圈，减少雪灾对牲畜的影响。但研究发现，由于游牧民地区牧民自然生计资本薄弱，经济资本积累不足，由此引发的对草地的生计依存性下降削弱了该类区域改善牲畜棚圈和增加牧业机械设备为主的物质资本的增长动力，牧民抵御气候灾害的能力以及牧区的可持续能力因此更加脆弱，为了适应环境的变化，实现生计的可持续，寻求第二职业、发展

---

① 尹莎等：《干旱环境胁迫下农户适应性研究——基于民勤绿洲地区农户调查数据》，《地理科学进展》2016年第35期。

生计多元化成为该地区牧民适应环境变化的主要策略趋向①。

可持续的生计策略是农牧民降低生计脆弱性、增强应对气象灾害、环境变化等风险的能力、提高生活质量的关键，家庭生计可持续与否将决定农牧民能否应对环境变化的冲击。一般而言，在不破坏自然资源基础的前提下，当生计可以应对社会变化并能从复杂的生计环境中维持家庭的生存与发展，并能够满足未来很长一段时间的需求，则生计可持续，反之生计不可持续②。在一定时期内，同一地区的农牧民所拥有的人均自然资本和社会资本总量是相对稳定且差异较小，一个家庭的环境适应能力则取决于家庭人力资本等因素，这些因素包括知识水平、生产技术、健康状况等。家庭成员知识水平高、生产技术好、健康状况较好的家庭能够较好地寻求到传统农业生计以外的第二生计，能够较好地利用生计资本实现生计转化，从而提高环境适应能力。

当下，大部分农牧民地区由传统生计开始向可持续生计转型升级：游牧→定牧→半农半牧→以农、牧生产为基础，融合第三产业发展的生计方式。转型之后，农牧民地区重建新的生态文明，通常能够得以实现农牧区可持续发展，较好地增强贫困户环境适应能力。

二、可持续性生计方式提升贫困户风险抵御能力

所谓"风险"，是指能够破坏和影响人们生计安全、生存发展的未知事件。普通家庭特别是贫困家庭在脱贫过程中不仅要提高劳动能力水平，还要规避生计风险，降低贫困脆弱性。实际上，对于发展中国家许多家庭来说，处理风险是日常生活的一个部分③。当前，中国经济发展步入新常

---

① 陈伟娜等：《气候变化压力下锡林郭勒草原牧民生计与可持续能力》，《资源科学》2013年第 35 期。

② Chamber, R. , Conway, G. R. *Sustainable rural livelihoods*: *Pra-ctical concepts for the* 21st *century IDS Discussion Paper* 296. *Brighton*, England: Institute of Development Studies, 1992.

③ Dercon, Stefan. *Assessing Vulnerability to poverty. Je-sus College and CSAE*, Department of economics, OxfordUniversity, 2001: 126.

态，经济转型升级、产业结构调整、资产价值波动、就业市场变化正在对农村经济社会产生深刻影响，农村家庭的生产经营活动将面临更多的不确定性①。由于政策性的风险分摊机制尚不健全，普通家庭在生存和发展的过程中往往要面对各种各样的生计风险。风险抵御能力低是导致家庭陷入贫困的重要原因。因此，有效阻断和隔绝风险与贫困的联系就成为理论界和政策制定部门努力的方向，这也是近年来公共部门和扶贫机构越来越关注贫困农户生计可持续的原因所在。发展中国家农户生计的公认特征是高度的不确定性，农户面临自然灾害与生态环境恶化、耕地退化、传统农作物失去价格优势、物价上涨、自己或亲人患病风险增加、子女入学读书困难、就业困难、养老压力等②多重风险的威胁。

中国作为世界上最大的发展中国家，农村始于 20 世纪 70 年代末的家庭联产承包责任制改革在赋予农民生产经营自主权的同时，也使其成为风险承担的主体。风险无时无刻地在冲击威胁着农户尤其是贫困农户的生计和福利，尽管他们通过减少家庭消费性开支、动用家庭储蓄、向亲友寻求帮助、向银行借贷、变卖家庭现有资产、孩子辍学、政府救济等途径暂时提升家庭风险抵御能力③。但理论研究和实践探索却发现了贫困与风险规避的悖论，那些竭力回避风险、努力维持消费平滑的低收入家庭却经常在贫困线附近挣扎徘徊。J. Morduch④ 首先对这一现象进行了系统研究。他认为，风险对贫困的影响是毋庸置疑的，但之前的研究对风险与贫困间的联系机制缺乏理解，他在研究中引入了贫困脆弱性的概念，并把其界定为农户未来陷入贫困的可能性，提出了农户当前选择的风险应对机制可能形成未来贫困的观点。发展中国家的农户大多经济水平较低，处于贫困线边

---

① 张栋浩、尹志超：《金融普惠、风险应对与农村家庭贫困脆弱性》，《中国农村经济》2018 年第 4 期。

② Tsegaye D，Vedeld P，Moe S R. *Pastoralists and livelihoods：A case study from northern Afar，Ethiopia*. Journal of Arid Environments，2013，（91）：138-146.

③ 赵雪雁等：《石羊河下游农户的生计风险及应对策略——以民勤绿洲区为例》，《地理研究》2015 年第 34 期。

④ MORDUCH J. *Poverty and vulnerability*，American Economic Review，1994，84（2）：221-225.

缘状态，风险抵御能力捉襟见肘，即使是收入和支出方面的细微冲击也很容易使他们陷于暂时的贫困状态。当出现严重风险冲击时，他们会被迫出售生产性资产、放弃子女的受教育机会，这不仅有损家庭的长期生产能力，还可能使其陷入贫困的恶性循环①。本质上，出售生计资产、减少家庭消费性开支、动用家庭储蓄属于开源节流，但由于普通家庭财产储蓄体量普遍较小，并不足以长期应付多种风险压力下的巨大家庭开支；向亲友寻求帮助也是农村"熟人"社会中应付风险、帮助家庭渡过困难最常见的一种手段，但由于亲友成员在经济能力上与自身有较强的同质性，对于家庭提供的帮助十分有限，也难以从根本上提升家庭抵御风险的能力；而普通家庭由于缺乏可供抵押的资产，加之自身偿债能力相对较弱，通过向银行借贷的方法来抵御风险也比较困难。以上种种表明，生计方式单一，当某种赖以生存的生计无法持续下去时，则难以支撑家庭开支，陷入贫困。

生计资产单薄、生计风险高、生计文化不适性、生计策略单一是民族地区农村贫困人口的主要生计特征②。当前条件下，民族地区农牧户传统生计现代化改造首先需要集约化利用自然资产，不断提高土地生产率和劳动生产率，其本质还是充分攫取生态资源，换取市场价值。但集约化利用资源受到生态的制约，在生态条件好的地区，广泛地使用机械和电力，大量施用化肥、农药，并实施新的农艺技术，可以在生态阈值承受范围内形成规模经济。但是在民族地区脆弱生态和小生境中，这种资源的利用方式很可能带来生态灾变，使得农牧户生存条件更加恶劣。其次，民族地区农户生计系统转化面临风险冲击更为多样。从自然风险来看，我国民族地区大多位于地理区位不太理想，地质特征不太稳定的西部高原、山地和牧区，历史上就是灾变较多的地区，且由于世界气候变化，自然灾害发生频率逐渐提高。从健康风险来看，我国民族地区处于地方病和传染病多发地

---

① 马小勇：《中国农户的风险规避行为分析：以陕西为例》，《中国软科学》2006年第2期。

② 李海鹏、梅傲寒：《民族地区贫困问题的特殊性与特殊类型贫困研究》，《中南民族大学学报》（人文社会科学版）2016年第36期。

区，农户更易遭受健康风险。从市场风险来看，我国民族地区农户的市场参与能力较低，农业生产经营中存在盲目性，极其容易因为市场变化而遭受损失。再次，在生计转化过程中，生计文化影响农牧户应对风险、形成新的生计策略的能力。少数民族地区居民在特定生计发展出的历史文化和宗教信仰，具有较强的稳定性、渐变性和群体性特征，与现代市场经济制度发展存在本质区别。市场机制下，个体必须适应竞争文化和风险文化，而这两者正是少数民族传统文化较难适应的，这就使得少数民族地区通过市场机制产生内在激励和形成良性循环面临着比发达地区更大的阻力和障碍。最后，农村贫困人口一般生计方式单一，大部分从事传统农业，生计方式以纯农型为主，其收入水平低下，收入来源不稳定，极其容易陷入绝对贫困。一般而言，农户可以选择的生计策略包括农业生产策略、非农业生产策略和移民策略。正是由于生计资产的脆弱性和生计风险的多元性，在没有外界支持的情况下，民族地区农户可选择的生计策略限定在农牧业和低层次务工，并且难以实现生计策略的自由转换。

在可持续生计分析框架中，农户具有自我发展的动力，其根据生计资本的状态不断改善其生存条件，外界风险可能造成农户生计资产的损失，从而陷入贫困状态。农户根据外界风险的感知，趋向于调整自己的生计策略，形成特定的生计模式。以该框架为基础，可以很好地理解我国传统农户生计的形成。我国传统小农经济体系中，农户可利用的资源仅为有限度的人力资本和自然资本，这样的资产组合系统使农户的生计体系限定在纯农（牧）户、务工（手工或雇工）或者半工半农（牧），由于市场发展的有限性，农（牧）户难以获得稳定的务工收入，农（牧）业是农户维持生计的主要来源。自然条件的限制，加上封建地主阶层的剥削，极大削弱了农户生计资产的扩展和自我积累能力，从而使得在传统历史时期，无论是农区还是牧区只能发展出维生型的个体经济，并在此基础上形成了超稳定的小农生计系统，即以个体家庭为生产和消费生计单位；宗族共同体分担生计风险；家庭生产以满足自身消费为主；生计资产主要依靠人力和简单工具为主；具有稳定的生计文化系统。这种低投入-低产出的生计系统展现出维持生存的特征，并在长时期内自我强化，趋于稳定。

农村传统生计在非市场体系中展现出较强的生命力。但随着现代化进程由城市延展至农村，农户的生计体系不可避免地卷入市场系统中，市场机制强调效率，在市场经济条件下，占有优质资源的主体往往会因为其竞争优势而在市场竞争中获益并不断发展，不具备竞争力的主体则往往难以从市场中获益并有效发展。农户传统生计体系在市场中受到天然的排斥：一是农产品市场排斥，指传统农户生产的农产品及加工品不具备成本优势和技术优势，在产品市场中没有竞争力和定价权；二是劳动力市场排斥，指农户剩余劳动力缺乏专业化分工，只能从事短期工作；三是资本市场排斥，即资本的逐利性使其不愿被农户占有。这三种排斥相互联系，是农户在市场难以获得持续生计的内在原因。

在农户生计受到市场排斥后，不能分享经济增长所带来的红利，其收入无法得到稳定提高，但同时农户消费又被卷入市场中，其生产所必需的种子、化肥和农药及生活所必需的食品、衣物和住房等，必须依赖市场供给，受到市场价格波动的影响。在这种情况下，农户的收入增长和必要消费增长不匹配时，就易于陷入贫困中。因此，在现代社会中，农户以小农之小面对社会之大，陷入了风险更大的社会，也更易陷入贫困之中，即便偶尔逃脱贫困线，也极易因为风险而重新返贫。

现代市场条件下，农户必须转变改变传统生计体系才能摆脱自然和市场的双重风险，从绝对贫困中脱离出来。传统生计的现代转化需要重新配置农户的生计资本，利用金融资本和物质资本来推动人力资本和自然资本的利用，提高劳动效率和土地效率，使得产品和劳动力在市场中具有竞争力，才能在市场中获得稳定的生计来源。学界归纳农户现代生计转换的有两种论点：第一，扩大农地规模论，即通过土地流转实现农场经营，发展规模大农业；第二，组织家庭论，坚持小农业体系，通过合作化实现规模化。但是深究这两种理论的前提条件，前者暗含的假设是通过发达的工业体系转移剩余劳动人口，使大量农户不再以农业为生，从而能够实现农业的规模经营和集约经营。后者必须有较为发达的社会服务基础，农户能够自发地结成规模经营实体。从市场排斥的角度来看，这两种生计转换模式，就是通过农户生计的非农化和规模农业生计，使得农户能够进入市场，并建立可持续的生计。这两种转换在我国，尤其是东部地区的农村中已经广泛存在。但是对西部民族地区而言，由于缺乏资本深化的自然资本基础、人力资本基础和文化资本基础，单纯通过金融资本较难实质性地改变农户的生计行为，农户仍然暴露在自然和市场的双重风险中，并处于相对贫困状态。

为了更好地应对多重、复杂的生计风险，维持正常的生产、生活，贫困地区农户迫切需要寻求一种可持续的生计方式。相对而言，多样化、专业化的可持续生计方式，更有利于帮助贫困农户增产、增收，拓宽贫困农户收入来源渠道，减少因灾、因病、因学等致贫的可能性，提升风险抵御能力。生计多样化是可持续生计方式的重要内容，通过生计多样化是实现生计可持续的重要途径。生计多样化能够有效提升贫困户抵御风险的能力。生计多样化，即有意识地对不同生产活动进行投资，当某一种生产活动无法持续下去时，可通过其他生产活动维持生计。生计多样化能有效降低传统农业生产对自然资源、土地的过度依赖。贫困地区可充分发挥当地独特的自然风貌景观、矿产资源和生态优势，大力发展第二、三产业，并加强贫困户职业技能培训，增强贫困户生计转换能力，让部分有条件的农民从传统农业生产中转移出来，从事非农产业（如就地务工、搞餐饮、搞旅游、跑运输、送外卖等），以此减少生计对土地资源的依赖；可加大技术、资金、政策等方面扶持力度，增加贫困户人力、金融和社会资本，帮助贫困户建立发展型生计（如循环经济，家禽规模养殖业、种植业、渔业、农产品加工业等），通过发展多种产业带动就业，以多种形式、渠道丰富贫困户的生计，从而提升贫困风险抵御能力。

总体而言，贫困户可供选择的生计方式越多，越能够灵活地转换生计方式，确保其生计可持续。已有研究表明，在高原牧区，农户所拥有的生计资产与生计多样化水平呈高度正相关，随海拔升高，农户的生计多样化水平降低，从事的生计活动类型减少，其面临的致贫风险越高，政府需要帮助农户拓展生计助其应对高山恶劣的风险[①]。此外，农户兼业比纯从事农业的农户更好，生计活动更加多样化，抗风险能力更强，贫困程度较低，对自然环境的依赖性也更小[②]。由于各种生计策略对土地利用类型和土地利用集约化水平影响不同，以非农活动为主的生计多样化可能是构建可持续生计的核心，同时也是实现土地可持续利用的根本途径[③]。

另一方面，随着产业扶贫、教育扶贫（职业技能培训）等扶贫项目在农村不断推进，农村居民收入来源（生计方式）渠道增多，现代化、产业化、规模化的生产方式使得农村生计变得专业化。生计专业化提升贫困户产出效益，实现增产增收。贫困户在产业帮扶或职业技能培训的帮助下，利用农村当地特色资源或发挥自身生计资本优势，充分发挥市场力量的作用，将生计方式集中于某一种或某一类生计活动，从而实现生计策略的专业化或专门化。从本质上来讲，生计专门化是一种可持续的生计方式，是农户主动选择或升级自身生计方式的结果，是社会分工专业化在农户之间分工中的具体体现，是农户家庭层面的专业化与农村区域整体层面上多样化的统一。面对日益不断增加生存成本和致贫风险不确定性，专业化的生计方式已成为农村贫困户生计持续的重要支撑。如果说多样化的生计策略充分有效地保障了生计的来源，那么，专业化则进一步提升了生计的产出效益，弥补了传统落后生计、生产方式低效益、低产出的缺点。

三、可持续性生计方式提升贫困户自我可持续发展能力

精准扶贫以后，党和政府在围绕农村发展生产、扩大生计方面相继出台了各项措施来巩固和保障农民收入的增长。这些政策和措施包括：第

---

① 阎建忠等：《青藏高原东部样带农牧民生计的多样化》，《地理学报》2019 年第 64 期。

② 黎洁：《可持续生计分析框架下西部贫困退耕山区农户生计状况分析》，《中国农村观察》2009 年第 5 期。

③ 张春丽等：《湿地退耕还湿与替代生计选择的农民响应研究——以三江自然保护区为例》，《自然资源学报》2008 年第 23 期。

一，在农村、农业生产、流通领域进行大规模公共投资。这方面的措施是针对农村公共基础设施供给不足的问题而推出的。实践证明，增加对农村公共物品的供给对提高农民收入是有帮助的，尤其是交通、电力、通信方面。第二，产业奖补。对脱贫产业进行一次性补助，如种植业、养殖业及加工服务业等。这种补贴方式虽然能够刺激和鼓励农民大力发展生产，但是效果会随奖补的调整而变化。第三，在贫困地区推广新品种、新技术。这方面的政策最初的时候出现过争议，农民担心新技术的采用和新产品的种植会带来风险，但经过实践之后，证明新技术的采用和新产品在贫困地区的推广对农民增产增收有巨大的帮助。第四，帮助农民进行土地流转，以土地入股方式获得分成，以增加财产性收入。但在实践过程中，土地政策和土地价值难以转化为真实的财富（实际上是社会财富转移支付，并没有增加新的社会财富），农民通过土地流转增加财产性收入并不高。

可以看出，绝大多数精准扶贫政策的最终目标都是为了增加农民的收入渠道，提高农民收入。因此，为了更好地帮助农民提高收入水平这一核心目标，我们就必须思考如何才是提高农民收入的根本途径。尽管精准扶贫诸多政策使我国贫困农民在短期内获得了收益，但分析发现其源于政府的长期不计成本的帮扶，长此以往会导致财政负担过重，农民难以实现新的财富增长。西方传统的经济学理论认为，造成农村农民收入低下的根本原因，是因为农村人口过剩，农村出现了剩余劳动力，剩余劳动力使土地的边际产出下降，农民从土地中汲取的收益极低，也就是我们常说的"一方水土养不了一方人"。因此，按照此逻辑，若要提高农村劳动人口收入，就是农村劳动人口向城镇、城市转移——易地搬迁。但实践证明，此方法行不通，我国农村劳动人口庞大，如果全部农村劳动人口或大部分劳动人口转移到乡镇、城市，乡镇、城市难以提供足够的就业岗位和生存空间，即便少部分农村老劳动人口能够在乡镇、城市里找到合适的生计，但由于生活习惯、历史文化等因素，也难以融入乡镇、城市的生活。农村劳动力转移到城市，后续只会增加更多的失业人口，同时不利于农村农业的发展。所以，通过转移农村劳动人口来增加农民收入不现实，仍然要考虑解决其生计问题。国内学者黄季焜就曾指出，受我国农民人均拥有的可利用土地等自然资源不足的局限，提高农民收入短期内很难从生产和农业政策中找到大幅增长的出路和突破口。解决农民收入增长问题，就必须转变思路，帮助农民出圈，从"农"的领域延展到"非农"更广阔的领域中去①。蔡昉等学者还进一步指出，农民收入问题，本质上讲是就业问题、生计问题。中国有较为分明的"城乡二元结构"，由于户籍制度，农民离开农村比较困难，所以农民就要在农村就地、就近解决就业问题、生计问题，以当地农产品生产为基础，创造更多非农生产，增加非农收入②。因此，围绕生计问题，多种途径、方式帮助农民实现"农"的增产增收，提高"非农"的收入比重是从根本上解决农民可持续发展能力问题的政策选择。

我们认为，贫困户自我可持续发展能力是支持居民生计恢复和居民生计发展战略的实际体现，体现的是农村居民在有限土地等生计资源下仍然能够实现高水平收入的能力③。而农村中的大部分劳动人口收入能力比较低，自我可持续发展能力不足。国家统计局数据，2018 年中国农民工月均收入水平 3721 元，2018 年中国农村居民人均收入 14617 元，而全国居民人均可支配收入 28228 元，城镇居民人均可支配收入 39251 元；而贫困地区的收入水平则更低，2018 年全年贫困地区农村居民人均可支配收入仅为 10371 元④。数据显示，与城市相比，农村居民收入水平较低，在农村地区，贫困地区农村居民收入则更低。如果说精准扶贫是旨在提高农村地区农民的收入，帮助贫困地区农民更好地实现发展，那么，精准扶贫中关于贫困人口自我发展能力建设则是以生计方式变革为前提的政策帮扶，充分帮助贫困地区农民实现就业、实现生计可持续。提升农村地区贫困人

① 黄季焜：《对农民收入增长问题的一些思考》，《经济理论与经济管理》2000 年第 1 期。

② 蔡昉、王德文：《经济增长成分变化与农民收入源泉》，《管理世界》2005 年第 5 期。

③ 赵锋：《可持续生计与生计动态能力分析：一个新的理论研究框架》，《经济研究参考》2015 年第 27 期。

④ 国家统计局：《2018 年国民经济和社会发展统计公报》http://www.stats.gov.cn/tjsj/zxfb/201902/t20190228_ 1651265.html。

口的自我发展能力关键是解决贫困人口生计问题，"农"转向"非农"综合性的现代化生计方式是贫困人口后续可持续发展的保障。向"非农"转变的过程既是生计可持续化的过程，也是贫困人口自我可持续发展能力不断提升的过程。而这一种能力建设和提升则需要贫困户依托自身生计资本和现实支撑条件来进行，在国家政策帮扶下，参加产业项目、技术培训等，利用当地土地资源、气候条件等，在专业技术人员帮扶下进行生计技术创新、生计策略创新和支撑条件的创新等。

从农村居民个体收入水平和结构来看，首先，绝大部分贫困人口的主要收入来源仍然是农业收入，其收入水平较低，农业收入占整个全年收入结构比重较大；以经济作物种植为主要生计的农户在农业生产上实现增产增收的空间仍较大，贫困农户可以在技术帮助下，优化农产品种植品种结构，实现收入进一步增长。其次，在实现最优种植组合的情况下，贫困农户可以根据农作物生长周期，合理错开农忙时节，充分利用农闲时间，从事非农产业活动。再次，为了应对农产品收成不佳、价格不好，或劳动力市场饱和，就业岗位不足的情况，农村居民可适当发展养殖业等非农产业，如此一来，便可不依赖土地、不看天吃饭。最后，理想的状态是，农村中有较好的制度、市场、资金支持，各方面条件都能具备，农村居民生计途径极大丰富，农村居民自我可持续发展后劲强。比如，种植低效益作物的农民，在技术改进、生产工具先进等条件帮助下能够利用更少的时间、土地产出更多的产物，完成更多的农业生产；并从粗放式、低效益的农作物生产中解放出来，利用更多的时间从事非农业生产，获得更多财产性收入和工资性收入。

当然，以上设想和思路是在农村居民生计资本相对充裕、生产技术极大进步、生产工具极其先进和农村制度较为完善的情况下才有可能实现的。当前，基于可持续生计视角提升贫困户自我可持续发展能力不是简单的对贫困农户给予基本的物质救助，而是要通过对生计资本，尤其是人力资本和社会资本进行投资，改善贫困农户生计资本结构及其拥有状况。生计资本越多的农户，往往具有更多应对冲击、发现和利用机会的能力，越能够创新生计行动，在各种生计策略中灵活转换，其后续的自我发展能力就越强。根据农村居民生计现实，引导和帮助无地、少地农民积累物质性资产，加强就业技能培训，拓宽就业安置渠道，实现生产性就业，是提升贫困农民自我可持续发展能力的重要和有效途径。而为了阻断贫困遗传，帮助下一代实现生计的飞跃，提高下一代的自我发展能力，则需要加大人力资本投入，帮助子女"读书改变命运"，离开农村、离开土地，从事"非农"生产活动。

第六章 女性自我发展与减贫

　　近年来，我国精准扶贫脱贫战略取得显著进展，理论与实践共同取得创新和突破，政策扶持有效提升了农村贫困家庭的生活状况。在 2020 年全国贫困地区农村绝对贫困人口全部脱贫的战略目标下，深度贫困地区尤其是少数民族区域仍存在相对贫困的局面。当前，脱贫攻坚战已步入决胜阶段，我国贫困问题逐渐显现出贫困多元性的特征。贫困问题不仅源于经济收入的不足，性别差异化使少数民族女性在社会参与、家庭资源分配和文化教育中处于劣势，女性个人发展所需的资源和机会匮乏，造成社会政治地位、文化地位和经济地位在两性中失衡。作为"贫困中的最贫困者"，她们在民族环境中面临更高的致贫风险，因此需要从社会性别的全新视角出发，呼吁社会各界关注女性的特殊需求和扶助感受，提高政府反贫政策的性别敏感度，在少数民族地区扶贫项目中结合民族文化和传统增进文化适应性。本章节将社会性别与减贫工作相结合，倡导着眼于满足女性的利益诉求和愿望，激发民族地区女性参与脱贫治理的主体性作用，更为重要的是能够合理诠释男女平等的基本国策，抑制社会性别不平等的现实存在，协同实现减贫脱贫与性别平等的双重目标。

第一节　社会性别视角下的贫困问题

一、社会性别与贫困

　　传统上关于"贫困"的定义及测评仅仅从经济学角度集中探讨个人

在收入和财富中的地位，并作为是否贫困的决定性指标，以致早期对于贫困问题的认识也局限于缺乏经济来源所处的最低生活标准状况。然而，随着社会经济水平的提升和国家对贫困问题的深入研究，狭义的贫困线指标难以全面衡量当前贫困人口致贫多元性和内在差异性特征，且未能体现人类发展成果而遭受广泛批判。由此，联合国开发计划署（UNDP）将"人类贫困"内涵深化拓展为人类缺乏发展所需的基本生存机会和选择状况，其中包括健康长寿的生活、教育和卫生条件、资产的拥有以及两性社会地位和享有社会福利、参与建设发展过程的能力等要素的匮乏，尤其强调贫困背后潜在的社会结构性因素，诸如性别、种族和年龄等方面，注重扶贫开发中社会参与、妇女赋权和对人权的尊重。

与贫困问题密切关联的是"社会性别"，其概念最初由美国学者盖尔·鲁宾所提出，并将其定义为"一种由社会强加的两性区分"，是"性别的社会关系产物"[1]。社会性别指的是人们基于两性性别属性上，遵照社会关系中的男女所在的社会位置，分别对两性赋予不同的社会地位和角色期待。其含义强调的是文化在性别之中所形成至关重要的作用，即性别是由文化指定、分配和强加的。[2] 美国社会历史学家琼·W. 斯科特强调"性别是组成以性别差异为基础的社会关系的成分，是区分权力的基本方式"[3]。作为 20 世纪 70 年代初西方女权主义者的智慧结晶，社会性别突破了生理性别的限定，强调性别是一个社会范畴，是一种权力关系，是特定性别关系的社会构成。这便意味着，纵使出身于富裕家庭且经济收入呈现增长趋势，相对于男性而言，女性所获得的社会资源依然匮缺。鉴于此，在社会性别差异化与贫困问题的根源二者具有区别和联系的社会关系和社会过程中，表明两性之间社会关系的不平衡在某种程度上对女性贫困程度存在内在关联，甚至会加剧女性贫困。

---

[1] 王政：《"女性意识""社会性别意识"辨异》，《妇女研究论丛》1997 年第 1 期。

[2] 李敏：《制度如何制造不平等：一个北方城市贫困女性社会排斥的制度分析》，中国社会科学出版社 2015 年版，第 55 页。

[3] ［美］琼·W. 斯科特：《性别：历史分析中一个有效范畴》，李银河主编：《妇女：最漫长的革命——当代西方女性主义理论精选》，中国妇女出版社 2007 年版，第 134 页。

社会性别理论以社会性别差异、性别角色和社会性别制度为核心内容，将矛头指向社会根深蒂固的男尊女卑观念与被忽略的性别盲点，为揭示两性差异和不平等的政治、经济和文化、社会制度根源注入全新的视角。[①] 值得注意的是，当前社会所倡导的"性别平等"并非抹杀性别差异化以追求"男女一致"单一形式上的平等，而是在正视性别差异的基础上充分意识到女性需求和权益的特殊性。[②] 其中覆盖男女群体在政治、经济、社会、文化和家庭等方面所享有的机会和权利的平等，以及在人格和尊严、社会发展过程和结果的平等。由于男性和女性在社会担当角色、工作劳动分工、家庭资产权利有所差异，所以两性群体在感受和体会贫困的遭遇与个体受损害性中亦存在差距。[③] 所以，将社会性别平等观念纳入研究和推进精准扶贫工作，从隐性层面关注民族地区贫困女性的致贫根源和内在需求，宏观理解性别差异给女性地位所招致的不利境地，由此成为各级政府制定社会性别敏感性反贫政策和科学参与贫困评估工作的重要前提。

二、贫困女性化

在以往的扶贫开发项目中，贯彻落实只注重表层的男女平等，却忽视了他们在管理过程中存在的性别差异，尤其是未照顾到妇女对于政策执行的特殊需求和个人效用。社会性别研究学者将贫困问题的注意力转移到社会制度、规则和公共治理情况等方面，集中探讨女性被剥夺的应有权利以及隐性的社会性别偏见。

随着性别平等呼声愈高以及女性主义的发展，社会主义女性主义者将目光转移到剖析女性贫困现象的深层原因。"贫困女性化"一词由社会学家皮尔斯于 1978 年研究美国社会贫困问题过程中所提出，其中有两大方

[①] 师凤莲：《当代中国女性政治参与问题研究》，山东大学出版社 2011 年版，第 25 页。
[②] 陈晖：《性别平等与妇女发展理论与实证》，中国民主法制出版社 2018 年版，第 30 页。
[③] 赵群：《将社会性别平等观念纳入农村反贫困政策与实践的主流》，《妇女研究论丛》2005 年第 12 期。

面的含义：在贫困户家庭中，伴随以女性作为户主的家庭结构比例增加，贫困女性化呈现不断上升趋势；女性比男性更易遭受贫困冲击、贫困程度更为严重，且在贫困人口中女性占比愈发显著，从中揭露女性社会角色与贫困问题的内在性关联。有学者在此基础上从女性角度出发，纳入社会结构因素如社会人口结构、家庭内部男性和女性资源分配与市场职业选择等方面对女性贫困问题进行分析。[①] 经研究发现，尤其在家庭内部物质资源紧缺的生活条件中，女性大多沦为被剥削者，丧失原本应拥有的土地资源和接受文化教育的机会，人力资本投资不足直接导致缺乏参与社会工作的市场竞争力，因而从整体上与男性相比，女性在获得均等资源和机遇的差距越来越大。因前期家庭培养投入的不足，女性在社会参与发展过程中往往陷入不利处境，致使女性贫困化概率和程度的加大，反之又进一步加深女性在"成本—收益"中处于亏损的刻板印象，人们对女性处于投资回报率低的想法，最终在社会中形成一种循环往复的"贫困—投入不足—更贫困"的恶性循环怪圈。另外，贫困女性化不仅使女性自身在经济发展中置于边缘化地位，更为严峻的是女性贫困呈现出传递性特征，即对抚育子女的营养健康和文化教育、个人情绪、自信心等方面紧密联系，容易引发顽固的贫困代际传递。

将社会性别纳入贫困范畴，其原因在于全球的贫困境况都有一张"女性的面孔"，性别差异下不平等的经济和文化体制使女性在生存发展中缺乏必要的社会资源来抵御贫穷困境，较之于男性更易陷入贫困代际循环怪圈。通过"妇女赋权"从实质上打破不平等的权力关系，激发来源于主体自身的核心动力，在制定政策议程中增强话语权，提高女性自信心和自助能力。此外，将性别平等作为减贫脱贫工作的重要任务和目标，切入性别差异视角考虑贫困户问题、推进精准扶贫工作的对象精准识别和精准帮扶，此举不仅有助于满足不同群体的需求，激发贫困地区女性参与脱贫治理的能动性和主体性作用，提升减贫缓贫的工作成效，更为重要的是能够

---

① 霍萱、林闽钢：《为什么贫困有一张女性的面孔——国际视野下的"贫困女性化"及其政策》，《社会保障研究》2015 年第 4 期。

抑制性别不平等的严峻形势，增进女性社会地位，促使贫困女性共享社会进步所带来的民生福祉。

三、制度与文化双重作用下的性别不平等

当前的社会性别分析旨在将社会性别理论作为一种研究方法或工具，以此从"女性发展"的全新社会视角和研究立场出发，并不断致力于"两性平等"的目标。在不同的社会文化背景之下，社会性别研究主要从探讨和揭露社会中显性的性别差异情况出发，并侧重于发掘性别差异现象背后所埋藏的根源，探究发现既存在个人思想意识上的微观因素，亦有宏观层面的社会制度因素，诸如社会经济制度、社会主流文化、资源分配等方面的影响。① 然而，与社会性别研究相比，社会排斥问题已愈为被贫困研究以及社会弱势群体权利研究所关注。社会排斥突出表现在弱势群体的社会参与不足、缺乏权力、遭受歧视并处于社会边缘化的状态，除受到物质贫乏因素影响外，非经济因素如劳动力市场制度、所在社区文化、社会福利获取等方面，均制造或维持社会差异或是社会不平等现象。尤其在研究少数民族发展问题上，可以透过贫困的表征而架构于社会排斥层面之中。在此研究背景下，深入探讨性别不平等问题则需跳脱出女性群体的自我权利意识局限，从宏观层面引入制度和文化视角，探究在不受自身控制的外界影响下的深层原因。

性别不平等主要表现在劳动力市场中女性就业的社会边缘化，即在社会中呈现出一种"职业性别隔离"现象，指的是在劳动队伍中存在男性职业与女性职业分离的现象，并且在同一职业领域中男女性占全部劳动人口的比例不一致。② 例如，在家政服务行业、教育文化艺术、手工制造业等职业领域中，女性始终占据就业数量优势，然而在综合型技术研究、计

---

① 李敏：《制度如何制造不平等：一个北方城市贫困女性社会排斥的制度分析》，中国社会科学出版社 2015 年版，第 56 页。

② 蓝李焰：《女性就业的边缘化——中国目前的职业性别隔离状况及其原因》，《中共福建省委党校学报》2004 年第 9 期。

算机应用、采掘业等领域中的人员数量远不及男性。从中反映出，伴随职业性别隔离状况的强化与持续，势必将男女性收入差距逐步拉大，从而制约女性社会地位的提高。在职业性别隔离的致因分析中，发现与社会经济结构以及就业制度因素存在内在关联。纵观我国女性就业进程，主要伴随着国家反贫困制度和实践历经不同的形势变化。故而，在探讨女性贫困致因中也需要结合所处社会时代背景进行分析考虑。在计划经济时期，国家主导的意识形态和管理体制始终会对社会成员的资源分配造成决定性影响，并且在平均主义形势下，因此妇女的大规模就业安置并未遇到强大阻碍。在对西部民族地区的反贫困制度安排上，主要是以救济式和输血式对贫困地区进行援助帮扶，但并未关注贫困女性群体的长远发展，因此尚未重视贫困中的性别意识和差异。随着改革开放的深入，由于受到经济体制转型和市场经济影响，企业为提高劳动生产率而采取削减低效劳动力的方式，致使大批女工遭遇失业下岗。然而，大部分女性劳动者的再就业遭遇瓶颈以及社会排斥，她们逐渐选择从事劳动密集型、辅助性和琐碎的且技术含量低的工作，获得的报酬相对于男性而言处于较低水平。女性劳动力市场价值偏低，加之人们对"女性职业"的社会分工角色认知不断深化，更加不利于女性在传统角色中的解放。虽然在这一时期国家已颁布一系列法规条例，旨在保护女性的劳动权益，但家庭中女性处于从属地位的观念依然根深蒂固，社会中部分工作存在歧视女性的问题一时仍难以根除。

直至1994年国家制定"八七"扶贫攻坚计划后，才将开始制定有益于妇女脱贫的政策倾斜，将贫困妇女视为反贫困政策中的重点人群。性别意识在这一阶段得以重视，并在贫困研究中逐渐拓展到性别不平等问题、倡导关注女性利益等方面，在国家扶贫开发战略中推进扶贫政策性别主流化随之成为关键性任务。譬如，实施妇女小额担保贷款财政贴息政策，给予贫困妇女创业的资金支持。这一扶贫方式主要是以贫困妇女为政策对象，并促使扶贫作为一种女性赋权的过程。[1] 为扶持以贫困妇女为主体的扶贫实体经济发展，有关部门面向她们开展创业培训以及传授现代农业科

---

① 赵捷：《社会性别与发展：研究者的足迹与反思》，《山西师大学报》2004年第4期。

技知识，并为妇女参与"互联网+"电商扶贫工程提供多种福利。

致力于消除人类贫困不单是加大物质和资本投入，关键是要改善贫困人口的总体架构，即个人、社会、制度、文化和环境等方面。① 同样，社会性别差异除受到国家制度、经济发展形势影响外，也会易受社会主流文化的影响，故而在贫困研究进程中，愈来愈多的社会性别研究学者将性别差异置于更宏观的社会、文化、历史背景当中，深入发掘各要素之间的潜在关联。最为直观地表现在社会传统思想观念对于女性角色的固有期待，弱化女性角色的文化价值取向或性别定位使得女性在社会资源以及就业机会获取上处于劣势。"男主外、女主内"的性别分工模式不仅使女性在家庭地位中的经济主动权缺失，更表现在社会竞争中女性权益的匮乏，男性则对权利的获取和资源分配掌握控制权。譬如，女性群体在某公司的职位等级分布比例中始终呈金字塔型分布，即伴随职位等级的提高，女性人数呈递减趋势。由此可表明，女性在物质资源获得、就业机会、高层次教育培训机会上仍处在一种不均衡的状态，所形成发展资源稀缺和机会不足的局面，使得女性的自我发展和社会地位的提升缺失外在推动力，进而又深陷恶性循环的泥潭之中。总而言之，缘于受到社会制度以及社会文化的双重外部影响，促使女性社会角色固化，要想从传统社会观念中解放出来困难重重，从而加剧男女性在社会地位中的不平等。

四、主体性缺失下的女性贫困

"可行能力贫困"成为当前研究致贫问题的主流，诺贝尔经济学奖获得者阿玛蒂亚·森在其著作中指出可行能力是"个人或许能够实现的、各种可能的功能性活动的组合"，是一种有理由珍视的生活的实质性自由。② 因此必须将贫困视为"基本可行能力的剥夺，而不仅仅是收入低下，因为

---

① 焦若水：《民族妇女贫困：制度与文化的双重解释》，《青海民族研究》2006 年第 4 期。
② ［印］阿玛蒂亚·森：《以自由看待发展》，中国人民大学出版社 2002 年版，第 62 页。

它只具有工具性意义"①。从中强调贫困多元性是包括收入水平、政治权益、个人健康、社会教育和妇女主体性地位与社会变化在内的多重要素。但对两性群体而言，实现美好生活的自由度和选择机会并非处于均衡状态。

从整体上看，我国贫困地区尤其是民族省区的女性群体不仅在绝对贫困和相对贫困中占据多数，并且在贫困总人口中呈不断上升的趋势。由于民族地区主要分布在西部山区，区域慢性贫困特征由此加剧了少数民族妇女在反贫困中的不利影响。少数民族贫困或其中的妇女贫困都与该民族所独具的文化传统以及宗教信仰相互作用，② 她们无论在进行劳作或是在反贫工作中，均受到当地区域环境、本民族传统文化、风俗习惯和观念的深层制约。另外，政府反贫政策和治理往往采取自上而下的贯彻过程，造成民族各异的文化系统和价值体系难以匹配，贫困对象的脱贫主体意识薄弱、主体作用缺位，甚至引发对国家扶贫政策不配合的负面情绪。③ 加之长期以来扶贫对象笼统地以区域性贫困为主导或以贫困户家庭为单位对生活困难程度进行划分，忽视"贫困女性"这一特殊群体的需求，以致缺乏对结构性社会性别不平等问题的重视，使民族地区女性群体在扶贫资源中分配不均，在决策中主体性作用不显著而逐渐被边缘化。

然而，仅靠物质福利层面的被动接受难以提升贫困女性在社会中的主体性地位，她们希望自身的创造性劳动能够得到认可，即使福利作为"工具性手段"能够对女性减贫起到促进作用。"性别与发展"则是实现效率和公平的可持续发展新模式。作为践行联合国"社会性别主流化"全球性别平等战略的 49 个国家之一，中国政府逐渐将社会性别观念与发展策略整合运用于政策制定之中，在决策中倾听女性的声音，充分体现以人为本、尊重和保护女性权益和公正。鉴于此，国家近年来在反贫政策和行动中引入社会性别视角，通过诸多女性专项扶贫项目如"春蕾计划""母亲

---

① ［印］阿玛蒂亚·森：《以自由看待发展》，中国人民大学出版社 2002 年版，第 85 页。
② 叶普万：《制度变迁中的利益冲突及解决途径》，《经济体制改革》2004 年第 4 期。
③ 蓝红星：《中国少数民族地区贫困问题研究》，经济科学出版社 2013 年版，第 163 页。

邮包""巾帼扶贫行动""母亲健康快车"等，在扶贫减困中不断提升社会性别敏感度，高度关注女性群体的利益和愿望。

故而，在民族地区反贫困行动中，单纯从提高家庭收入水平来衡量贫困程度而忽视女性所拥有的资源有失偏颇，脱离当地社会文化环境则难以触动女性贫困的根基。在今后脱贫攻坚行动中，采用可行能力方法聚焦于民族女性获得实质性自由的选择权利和发展机会成为工作重要指向，全面考察涵盖医疗卫生、教育、决策参与和就业形势等要素在内的贫困女性生活质量，将她们是否拥有这些实现个人权利的自由视为贫困的重要指标。于是，如何激发民族妇女的主体参与积极性，利用外源优势助力内源发展，创设与少数民族文化制度相适应的内源发展动力机制，推动传统文化与现代文明的继承与创新等关键性问题上仍值得深入探讨。

第二节 性别差异化中的女性贫困

一、传统性别观念对女性角色的约束

著名社会学家费孝通先生致力于剖析中国乡村社会本色及社会结构，曾在其著作《乡土中国》中提出独具中国传统风格的"差序格局"理论，即"社会关系是逐渐从一个一个人推出去的，是私人关系的增加，因之我们传统社会里所有的社会道德也只在私人联系中发生意义"[1]。然而，受中国传统性别观念的影响，"重男轻女""男强女弱""男尊女卑"等固化思想迫使绝大多数农村女性缺失应有参与社会活动的机会，从而破坏女性正常社会网络关系的建立。社会资本投入与产出的不足造成对女性社会角色的严重束缚，形成"男主外，女主内"的传统性别分工，反过来在很大程度上又对女性社会资本的增加和积累产生桎梏。

男女平等作为我国宪法规定的基本原则和基本国策，社会各界一直将

---

[1] 费孝通：《乡土中国》，北京大学出版社 2012 年版，第 48 页。

其视为进步发展的目标，并且在扶贫开发中也逐渐体现出性别意识。但是，在少数民族地区农村女性权益的相关研究发现，家庭中男女不平等的观念仍然置于支配地位，具体表现在家庭中重大事项的决策权、家务劳动分工、离婚财产分割以及子女抚养、父母遗产继承等问题上，都显现出重男轻女的传统观念。尤其在西部民族农村地区，地理位置的封闭性造成社区文明开化程度偏低、文化知识交流与传播速度缓慢，使得农村女性依然受到传统思想的束缚，家庭观念强烈，选择务农而不愿外出打工或创业。久而久之形成的顺从、依附、自卑、安于现状等弱势心理，内化为女性自我意识和角色误读，适应了"等、靠、要"的贫穷惰性行为，隐蔽且深厚的"性别角色"从此理所应当地接受相夫教子、服侍老人的"最优选择"。总之，农村贫困区长期以来形成的传统性别观念、性别分工、性别角色偏见等社会文化环境造成女性角色期待和自我评价偏低，无疑给农村女性套上了无形的精神枷锁，限制提高自我发展能力的意愿和想法，由此制约女性在社会参与、经济建设和文化素质等方面的能力提升。

二、教育机会对女性认知能力的羁绊

文化教育权作为公民依法享有的受教育权利和从事各项文化活动的权利，关系到社会总体思想文化素质水平和发展前途。而女性获得平等的受教育机会和公正合理分配的教育资源，则是实现男女参与市场公平竞争的重要前提，也是保证女性享有其他权益的关键。1995年世界妇女大会《行动纲领》中明示"教育是一项人权，是实现平等、发展与和平目标的一个重要工具"。我国除了在《宪法》中明确保障男女平等的文化教育权之外，在此基础上，《中国妇女发展纲要（2011—2020年）》中同样对妇女教育进行宏观规划，提出"促进妇女参与社区教育""提高妇女终身教育水平"，将妇女教育纳入国家发展政策之内，有效增进社会性别意识在教育领域的平等。

近年来，尽管我国在政策制定和项目实施上使女性整体受教育水平有了显著提高，但受教育程度的性别差异在一定范围内仍然存在。"女子无才便是德"传统刻板的性别角色以及传统民族文化与现代社会发展的不协调，阻碍少数民族妇女接受素质教育的机会，进而使女性的认知能力和社会劳动参与度受到羁绊。在少数民族农村贫困区，因贫困往往供不起孩子上学，且男性本位的观念和家庭缺少劳动力，须将教育机会让于哥哥或弟弟，率先担负起养家重任，故而民族地区女性受教育权利易受侵犯，女童入学率低于男童，而辍学率又高于男童，女性文盲占据多数且高等教育水平落后于男性。（见表6-1）

表6-1　民族地区分性别 15 岁及以上文盲人口[①]

地区	文盲人口（人）	性别		文盲人口占 15 岁及以上人口的比重（%）	性别	
		男	女		男	女
全国	46221	11668	34554	4.85	2.42	7.34
内蒙古	869	254	614	4.82	2.82	6.83
广西	1037	250	786	3.30	1.54	5.18
贵州	2356	638	1718	10.11	5.36	15.07
云南	2702	820	1881	8.39	4.95	12.04
西藏	743	289	454	34.96	27.18	42.76
青海	380	118	262	9.63	5.84	13.63
宁夏	330	88	242	7.19	3.98	10.18
新疆	497	182	315	3.19	2.32	4.06

数据来源：国家统计局《2018 年中国统计年鉴》。

思想是行动的重要指南，农村妇女的思想意识直接决定着她们社会参与的行为。通过对农村地区的脱贫减贫研究深刻反映出，贫困女性之所以易陷贫困且难以摆脱，除受居住环境恶劣、交通闭塞、缺少资金补助等外在原因，最根本的在于普遍文化素质的低下。思想封闭不愿接受新知识和事物，少读书看报更是难以激发创新意识。贫困妇女陈旧落后的观念限制

---

①　国家统计局：《2018 年中国统计年鉴》，中国统计出版社 2018 年版，第 48 页。

了她们潜在的发展意识，在承担社会角色时自信心不足和缺乏主见。教育水平作为衡量整体教育质量和发展能力的关键指标，不仅关乎地域的发展潜能，更影响国家人口经济水平与经济发展水平。[1] 其中，文盲占总人口比例越高，法律权益保障意识越薄弱。当合法权益受到侵害后，大多农村妇女不懂得采取法律武器维权，便只好忍气吞声，接受不公平的方式解决矛盾。

三、健康状况对女性生产劳动的影响

人力资本理论认为，身体素质作为人力资源开发的重要物质前提，可将其视为一种资本存量，因此身体健康是人们生存活动、取得进步的重中之重，必须予以高度关注。从整体上看，健康水平受到两大要素的影响，即个人先天性遗传因素以及后天培育过程中所获得的食品营养、医疗卫生、健身运动等方面的补充。从总体发展情况分析，民族地区农村女性的身体健康状况主要取决于农村当地生活水平和医疗卫生基本状况，主要体现在食品消费结构、农村卫生环境以及妇女疾病和死亡率等方面。[2]

依照现行农村贫困标准每人每年 2300 元为标准，民族农村地区贫困人口为 1032 万人，占全国贫困总人口比例的 33.9%。因民族农村地区贫困比例较高，贫困户的收入微薄和扶贫救济有限，因此家庭主要将资本投入到维持基本的生活水平上，主要反映在衣食住行方面，其中以食品支出为主，以致投入到医疗保健领域的资金较低。女性人群遭受不平等的社会性别分工而担负多重压力，受到城乡差距、职业与受教育程度的不同影响，长期处于身心亚健康状况。正因为如此，民族八省区的女性接受健康检查的比率偏低，且妇女病存在相当比重，进而对自身的生产劳动造成不便，由此更加剧家庭生活负担。（见表6-2）

---

① 郑玉顺：《中国农村少数民族妇女权益保障法律制度研究》，民族出版社 2008 年版，第 145 页。

② 黄雯：《西部农村女性人力资源开发研究》，经济科学出版社 2011 年版，第 74 页。

表 6-2 民族地区历年妇女医疗保健状况①

地区	应查人数	实查人数	检查率（%）	查出妇女病（%）
内蒙古	2430034	1631993	67.2	23.1
广西	4848805	2979643	61.5	23.9
贵州	6123521	2998047	49.0	19.3
云南	4898873	1795766	36.7	31.1
西藏	560115	277535	49.5	14.5
青海	939412	436446	46.5	22.5
宁夏	843487	688970	81.7	28.7
新疆	2513378	1228994	48.9	34.7

农村地区基本医疗卫生服务不足、医护人员缺乏、村民缺乏健康知识和身体检查意识、农活繁重等原因致使女性群体的身体健康易受损害。对贫困女性而言，包括生育保障在内的医疗健康投入不足，且受惠范围和程度有限，农村少数民族妇女的疾病预防和治疗、生育健康无法得到保障，身处于"灰色地带"②。

四、传统劳动分工对女性脱贫的阻碍

改革开放以来，随着我国社会经济和文化发展、公众伦理道德的不断进步，女性的主体地位有了显著提高，在政治、法律和社会发展地位上趋于与男性平等的权利。当前中国家庭已具备生产、生活和消费的基本功能。对于女性主观感受而言，家庭地位相比于社会更为乐观且富有成效地实现男女平等。家庭地位主要体现在对家庭资源的控制和享有权利、义务的承担以及在家庭重大决策中的威望，集中反映出男性和女性在家庭权利

---

① 国家卫生健康委员会：《2018 年中国卫生健康统计年鉴》，中国协和医科大学出版社 2018 年版，第 222 页。

② 郑玉顺：《中国农村少数民族妇女权益保障法律制度研究》，民族出版社 2008 年版，第 146 页。

和决策的平等程度。①

在家庭分工中男女平等和家庭民主等现代理念得到广泛接受和认同，对于民族妇女个体的角色转变至关重要。然而，受历史和现实多重要素的影响，我国少数民族妇女作为权益保障的特殊群体，集"少数民族"与"妇女"双重角色的偏见，成为弱势者中的弱势，家庭地位和角色分工仍存在不平等。造成该现象的理论解释主要归为两大流派，即"经济决定论"和"文化决定论"。②首先，从家庭经济层面上看，家务劳动分工和职业选择成为评估的重要标志。中国妇女社会地位调查研究表明，家务劳动存在明显的男女分工，女性主要承担起大量日常且烦琐的事务，包括做饭、洗碗、洗衣服和打扫卫生、照料孩子和老人等，男性仅负责偶发的技术性家务，如水电维修、购买和更换煤气等劳动。尤其在经济较为落后的贫困地区，农村妇女由于经济收入能力不及丈夫而存在经济依赖，处于弱势地位。此外，受到"男人养家，女人持家"传统固化思维观念的制约，女性自然而然接受"贤妻良母"的角色期待，更多地从家务劳动中获得自我满足和体现价值。然而，传统"男主外，女主内"的社会角色分工却造成女性主体性地位的下降，虽然妇女长时间在家庭辛勤劳作，但与外出工作的男性相比，妇女的家务劳动所得不能直接以货币收益进行计量，无法精确衡量她们对于家庭富足情况所做出的奉献，因此这些劳动时常被家庭和社会所忽略。③民族地区由于大量男性选择外出打工养家的生计方式，使得在农村生活的多为老人和小孩，因此照顾他们生活起居的重任毫无选择地落到妇女肩上，农村妇女成为照顾家庭和从事生产劳作的主力。由于未能从根本上打破强加在女性身上传统家庭角色分工的枷锁，反而加大女性劳动者在职业领域发展的双重负担，个人花费在家庭的时间和精力有限使得女性鲜有机会接受培训和学习，身心压力以致她们难以由内而外

---

① 单彦彦：《关于妇女家庭地位现状的分析与思考——以山东省为例》，《泰安师专学报》2002 年第 5 期。

② 左际平：《从多元视角分析中国城市的夫妻不平等》，《妇女研究论丛》2002 年第 1 期。

③ ［印］阿玛蒂亚·森：《以自由看待发展》，中国人民大学出版社 2002 年版，第 193 页。

提升自身能力。实现妇女解放的先决条件在于她们能够大规模参与到社会化生产劳动之中，但因其无法承担技术性工作而从事体力劳动，便只能获取较少份额的金钱回报，劳动效率的低下更是阻滞了女性脱贫的速度和力度。

其次，从社会文化环境上看，家庭传统"男权文化"对夫妻重大事务的决策权产生影响。虽然妇女在日常琐碎事务中已具有决定权，但在决定建房或买房、从事生产劳动、购买高档商品等方面显示出男性的权威地位。家庭事务决策权的男女差异展现出男性的优越感与女性的依赖，故而助长了男强女弱的社会地位，这不仅引致社会对女性角色定位和评价的误解，更内化为大部分女性低估自身潜能的意识，对女性的成长和发展塑造出依附他人、畏惧新鲜事物、缺乏自信心、自我满足和安于现状、缺乏社会竞争的勇气、容易退缩等的心理特征。因而，上述弱势心理特点决定了女性的行为方式，表现为在职业选择和规划中自我评价过低，懦弱保守的心理外化为不敢迎难而上、忽视运用合理手段谋求进步和获得家庭以外的成就感。总之，女性在家庭中的弱势地位会造成心理偏差，造成女性内源性发展动力的缺失，其畏缩的外在行为致使农村减贫项目的实际情况与目标之间存在差距。

第三节 以外源方式促进贫困女性人力资源开发

一、加大基础教育投资，文化素质与技术培训并举

显而易见，地方性经济发展水平作为人力资源开发与利用的重要前提，并由此决定人力资本存量的多寡。然而，地区经济增长并不能够与农村人力资源状况的改善自然相匹配。[①] 要有效实现民族地区的脱贫并防止

---

① 李澜：《潜藏的力量：西部地区农村女性人力资源开发研究》，中国经济出版社 2006 年版，第 153 页。

反贫现象发生，亟须改进农村贫困地区人力资源开发与利用方式，特别关注将农村近一半人口的女性人力资源开发置于整个地区战略发展规划当中，充分考虑女性群体心理特性和切身利益。西部地区农村女性人力资源利用主要是以体力劳动为主，包括手工制造以及农作物种植等方式，费时费力，且与新型服务和技术性产业相比劳动成果价值含量差距较大。

农村地区女性生产劳动素质较低，从根源上看则是农村教育事业发展不足的必然结果。提高贫困女性劳动者素质的首要前提是加大农村基础性教育投资，这是普及农村文化教育、改善学校办学条件的重要条件，更是提升当地人力资本知识存量和培养高技能型人才的主要途径。当前农村地区仍存在家庭经济困难无法供孩子顺利完成学业，且女童的辍学率往往高于男童。因此，针对民族地区贫困现状，政府提供助学计划减轻贫困户个人教育投资压力，已将农村义务教育全面纳入公共财政保障范围内，建立教育经费保障机制，尤其为贫困户女子提供物质激励政策。另外，还可通过"弱势补偿制度"对社会低收入水平的妇女、女童、残疾人给予资助，划分多层级教育成本标准，[①] 确保九年义务教育能够从整体上顺利进行，逐渐缩小国家在东西部地区教育差距。

其次，针对中低素质女性劳动者在生产劳动中比例扩大的趋势，在加强农村基础性教育的同时，还应将农村女性素质教育与职业发展教育相结合。例如，为已具备基本文化要求的女性提供专业技能培训，结合当地工业或农业技术推广与之相关的种植养殖、农副产品加工以及机器缝纫、餐饮服务、市场营销、经营管理等方面的专业课程。通过科学合理构建综合性教学培训体系，实现农村文化素质教育与专业技能型实用培训协同并举。在学习理论知识的同时，着重培育她们的社会适应力、个体创造意识以及抗击风险能力，鼓励民族地区的农村女性强化自我发展意识，勇于走出家门，自觉主动地融入社会化经济建设浪潮之中。

---

① 黄雯：《西部农村女性人力资源开发研究》，经济科学出版社 2011 年版，第 167 页。

二、实施农村家政推广，提高家庭生活质量

如果说农村义务教育是为提升农村儿童和少年在德智体美的全面发展、提高全民族思想文化素质的一种关键途径，而农村家政推广则与之不同，它是面向农村妇女的一种成人非正规教育方式。帮助农村妇女增加收入和脱贫致富，这不仅是妇女发展工作的当前任务，更为重要的是实现妇女自身的解放和全面发展，即认知方式、思维观念、实践能力等方面的进步，摆脱片面肤浅的物质救助目标才能从本源上提高她们在家庭甚至在社会中的地位。

农村家政推广是为满足农民生活的多样化、多层次需求，提高农村思想素质特别是农村妇女发展，构建现代化新型农村家庭，进而实现全面建成农村小康社会的重要手段。[①] 与农业推广相比，家政推广更切合农村妇女的心理需求，它选择家庭工作为主要内容，研究范围不仅涵盖家庭生活的衣食住行、教育和健康保健等各个领域，还包括农副业生产、农林园艺、食品营养与烹饪技术等课目，更易调动她们学习"过日子"和接受培训的积极性。此种方式旨在从精神和物质层面提高农家生活质量，帮助妇女改进管理家庭事务的方法、做好家庭财务管理，提高家务劳动的效率，更好地教育子女成长成才。通过立足于农村当地文化的非正式教育传授方式，使其掌握农业科学技术提高生产和经营，从家庭妇女的角度去影响乃至改善传统农业活动的方式，彰显她们为家庭所做出的贡献和所发挥的主体性作用，从而唤醒她们追求卓越的心态和自强自立的精神动机，由内树立坚强的品格和提高自我决策的能力。

作为一门持家的"软科学"，推行农村家政学已成为援助妇女内在发展的非物质手段，形式灵活多样且具有生活针对性的培训形式，有助于进行新型农民建设、转变传统思维定势，改变原有滞后和不健康的生活行为

---

① 张瑞强、薛庆林等：《从中国农民素质和农民需求现状看农村家政推广的必要性》，《河北农业大学学报》（农林教育版）2010年第1期。

习惯，对于建设新农村关爱家庭、增进邻里和谐的生活环境起到至关重要的作用。此外，农村家政推广在德国、美国、日本等国家已经成功实施且具备较为完善的教育体系和培训方法，我国台湾地区于 20 世纪 50 年代也较早展开农村家事教育，积累了丰富和宝贵的经验借鉴，此举已成为提高农村女性整体素质、促进人力资源开发的有效途径。

三、拓宽就业渠道，推动女性劳动力非农转移

近年来，伴随着中国经济稳步向前和城市化进程良性运行的趋势，农村剩余劳动力在城乡之间大规模流动，大批农民工涌入城市就业，当中也不乏农村女性劳动力。其中，农村女性劳动力指的是生活在农村地区，年龄分布在 16—60 周岁能够从事体力和脑力劳动的女性工作者。乡村振兴战略作为解决我国"三农"问题的重中之重，实施前提是要加强深度贫困地区和特殊贫困群体的脱贫攻坚力度，摆脱贫困视为首要任务。"产业兴旺"作为乡村振兴的七大重点路径之一，必然致力于打造农村一、二、三产业综合发展体系，尤其要全面加大农村第二、三产业的投入建设，而此战略布局与农村剩余劳动力向非农产业转移密切相关。

当前我国农村劳动力非农转移主要有两种方式：其一，随着城市边缘不断向外扩张，农民户籍转化为城镇人口；其二，农民通过迁移的方式自主融入城市生活。[1] 尽管进城务工的女性不断增长且经济生活有所改观，但与同为农民工的男性相比，农村女性向城市非农产业转移的过程中，群体非农化专业化程度还有待加强，集中表现在非农流转速度慢、逆向流转比例高、经济收入水平普遍比男性低等问题。[2] 制约农村女性非农转移存在诸多原因，从群体特性上看，无论在文化素质、身体承受能力还是劳动技能水平女性均处于较低层级；从社会文化背景分析，传统角色严重束缚

---

① 吴浜源：《中国农村女性劳动力非农转移：文献综述》，《江西农业大学学报》（社会科学版）2013 年第 4 期。

② 周春芳、苏群：《非农化进程中农村女性人力资本投资与非农就业——基于性别差异的视角》，《农业技术经济》2008 年第 5 期。

农村女性的职业选择，作为社会"补充力量"无形之中决定了她们脱离农村农业生产需要花费更多的时间和精力。由于需要赡养老人和操持家务，她们只好选择在非农忙季节流入城市，充当取得非固定收入的"临时工"角色，当用工市场充足时，她们又会返回农村从事农活或在家休息等待就业机会。农村地区贫困女性由于受到交通出行不便、网络利用不充分等原因，无法及时得知城市招聘需求使得待业时间延长，信息不对称和就业不确定性促成劳动力转移滞后、人力资源浪费的结果。

农村女性非农化进程缓慢和季节性回流现象，不仅对农村贫困地区整体性劳动力转移的速度和稳定性造成影响，还对城市就业稳定和工业化生产的正常用工运作起到负面作用。要缓解农村就业困难，需要政府提供政策指导以此拓宽就业渠道，立足于地域性传统文化风俗，深入挖掘和利用民族特色非物质文化，致力于打造因地制宜、就地取材的乡村第三产业。例如，通过开发乡村自然或人文休闲旅游、养老养生、农家乐餐饮服务等新途径和新方式，寻找适合农村女性劳动者职业特性的工作，吸引她们返乡抱团创业，"足不出户"也能够享受乡土产业所带来的经济效益。这种形式同时营造出全国农民工呈双向流动的社会环境，据 2017 年数据统计，全国返乡下乡创新创业的"双创"人员累计高达 740 万，农村本地非农自营人员 3140 万人。政府为支持农村"双创"人员返乡就业，提供金融服务、财政支持和用地用电等政策福利，凝聚贫困区劳动力形成创新就业和发家致富的强大引擎。此外，在推动农村第二产业进程中，鼓励服装、纺织制造、农副产品加工等乡镇企业吸纳当地富于劳动力实现就地就业，为农村女性提供"离土不离乡"的就业选择机会。乡镇企业的崛起还需对农村女性特性加以考虑，将农村女性剩余劳动力转化为经济创造价值，为其提供具有群体需求且自由灵活的非农就业岗位。[①] 通过合力提升农村三大产业的融合发展空间，为农民就业增收拓宽渠道，进而为农村贫困地区的经济发展增添新动能。

---

① 刘国斌、汤日鹏：《吉林省发展县域经济 推进城镇化进程的思考》，《人口学刊》2011 年第 1 期。

四、防范就业性别差异，维护女性合法权益

当前劳动力市场中所存在的性别差异与福利待遇的不平等问题仍未完全解决，尤其表现在企业单位在市场招聘所要求具备的隐形条件上，这对于女性劳动者而言无疑面临着巨大的就业压力。就业性别差异化主要表现在劳动收入分配、职业生涯道路、劳动权益保障等各个至关重要的层面，就缩小社会性别差异、建立公平公正的社会就业环境来说，始终成为一个强大的阻力。

在早前 2015 年发布的《中国性别平等与妇女发展》白皮书中，明确表明随着我国经济社会的快速发展，在过去二十年中的性别平等与妇女发展取得了令人瞩目的成就，并且妇女在国家保障机制、经济地位、受教育程度、健康状况、决策管理等方面已有持续进步。[1] 然而，2016 年由中国社会科学院公布的《中国城市劳动力调查报告（第四轮）》（CULS4）结果显示，我国城市劳动力市场中仍然面临显著的性别差异。（见表 6-3）从研究数据中可直观表明，劳动力市场中的男女差异主要体现在工资水平（包括月工资和小时工资）、工资保障权益以及社会保险参与这几大重要层面，女性劳动者较于男性劳动者均处于劣势。

表 6-3　城市劳动力市场性别差异的均值比较分析[2]

变量	女性（1）	男性（2）	（1）-（2）	总体
失业率（%）	2.41	1.41	1.27	1.68
月工资（元）	4881.40	6443.84	1562.44	5781.04
小时工资（元）	26.76	34.61	-7.85	31.29
工资低于当地最低工资标准者占比（%）	5.06	3.40	1.66	4.10

[1]　中华人民共和国中央人民政府：《中国性别平等与妇女发展白皮书》，http://www.gov.cn/zhengce/2015-09/22/content_ 2936783.htm。

[2]　王永洁：《劳动力市场性别差异与女性赋权——基于 2016 年中国城市劳动力调查数据的分析》，《人口与经济》2019 年第 1 期。

续表

变量	女性（1）	男性（2）	（1）－（2）	总体
工资被拖欠者占比（%）	5.39	3.66	1.73	4.52
未签订劳动合同者占比（%）	19.97	19.07	0.90	19.46
参加城镇职工基本养老保险者占比（%）	69.81	70.59	-0.78	70.26
参加城镇职工基本医疗保险者占比（%）	67.86	68.49	-0.63	68.22
参加失业保险者占比（%）	58.10	57.80	0.30	57.93
参加工伤保险者占比（%）	57.51	57.87	-0.36	57.72
参加生育保险者占比（%）	55.10	48.29	6.81	51.17
无偿加班者占比（%）	58.60	56.91	1.69	57.57

此外，民族地区的劳动力市场性别差异化程度仍需进一步关注。通过对宁夏回族自治区城镇劳动力市场中的汉族与回族劳动人口进行比较分析，研究发现汉族内部间的男女劳动者以及回族内部间的男女劳动者中，男性的工资收入明显要高于女性。而后对汉族与回族的就业和工资收入进行性别差异对比后，证实回族内部的性别收入差异远高于汉族内部的性别收入差异。[1] 因此，对于经济发展速度相对缓慢的民族地区而言，只有通过不断缩小民族之间在经济、文化和社会生活等方面的差异，方能顺利实现事实上的民族平等。

若要寻求就业性别歧视的破解之道，需深入发掘其现象背后所致的各种要素。女性就业权益的弱化，不仅源自社会传统观念与思维固化，还受到规章制度等方面的影响。首先，从思维观念上看，在劳动力市场中无论是招聘者还是求职者，均需深入贯彻劳动机会平等的理念，即女性在政治、经济、社会参与等方面与男性享有平等的权利。坚决反对和抵制任何在社会生产或劳动就业过程当中的差异化对待，切实保障每一位劳动者平等竞争的工作机会，以此激发她们自身的潜能和工作才干，方能实现用工单位甚至是社会经济的快速发展。其次，从规章制度上看，国家亟待制定

---

　① 丁赛：《民族地区城镇劳动力市场中的性别就业与工资差异——以宁夏回族自治区为例》，《民族研究》2012 年第 3 期。

关于社会反就业歧视的专项法律法规。由于从整体上扭转人们根深蒂固的传统思想观念并非一蹴而就，便需要依靠国家强制力保障实施和贯彻落实社会平等就业，反对任何层面的就业性别歧视，从而保护女性劳动者的劳动就业权以及发展权益。此项法律主要是对用人单位与各劳动主体在招聘标准设置、平等就业权利、工资报酬发放、社会保险参与等方面做出详细规定，并明确违背就业性别平等所需承担的处罚惩戒后果。另外，还需设立针对社会平等就业的行业监管机构，可通过在劳动和社会保障部门内部设立平等就业监管委员会的组建方式，严格严肃督促反就业歧视法律法规的贯彻实施。最后，对于用工单位而言，还应当强化工会在保障女性劳动者权益中的法律维权责任，在日常工作生活中倾听女性工作者的诉求，保障女工在节假日休息、工资待遇以及社会保险参与、工作环境等方面的合法利益。对于用工单位内部发生男女性不平等对待的纠纷现象，工会应当尽快采取解决对策，妥善处理用人单位与劳动者之间的矛盾，以此充分发挥工会组织作为广大职工劳动权益保障的主体性作用。在积极维护女性劳动者的合法权益的同时，亦能够调动单位劳动者的工作积极性。

五、改善医疗卫生环境，强化女性身体健康

身体健康作为人们生存发展的基本前提，也是改善人力资本存量和质量、实现减贫脱贫的重要手段。人口、贫困、资源和环境破坏等问题相继涌现，与当地卫生健康状况相关联，给儿童、妇女和老人居多的农村人口正常生活带来危害，其中解决好妇女健康问题成为摆脱生活困境和增强居民身体素质的重要切入点。[①]《"健康中国2030"规划纲要》将健康产业纳入国民经济新兴支柱产业的系统规划之中，作为打赢脱贫攻坚战七大行动之一的健康扶贫工程，力促保障农村贫困人民充分享受基本医疗卫生服务，防止因病致贫和因病返贫的现象发生。

---

① 柯倩婷：《中国妇女发展20年：性别公正视角下的政策研究》，社会科学文献出版社2015年版，第66页。

由于受到民族禁忌文化的影响，相当数量的少数民族妇女缺乏健康保健意识，食物禁忌以致妇女所需营养物质的匮乏，群体性滞后的健康状况仍处于贫困状态。在社会竞争激烈的大背景下，农村妇女的健康状况受到身体素质和心理压力的双重打击，妇女疾病不仅使家庭劳动力减少，还可能遗传给下一代，影响家族长远健康水平。因此，亟待采取措施实现农民贫困人口身体素质的整体提升，尤其要处理好少年儿童和妇女等弱势人群的健康问题。首先需要保障医疗卫生资源的公平分配，完善农村医疗服务设施建设，设立医院或联村诊所、街道卫生服务站等，助推城乡基本公共服务实现均等化。通过国家财政拨款或公益团体资助等方式，为农村贫困地区提供基础医疗保健设施。对于深入偏远的民族地区，可采用定点定期的巡回诊疗流动服务模式，为不便出远门的老年人群或农村妇女开展日常体检或疾病诊治，切实解决看病困难的问题，并及时给予疾病预防和医疗救治。此外，要促进中西医并举，保留和传承中（民族）医药发展，健全民族地区医药医护人才的培育体系，① 鼓励少数民族如苗族、瑶族、彝族、土家族等医药学学科的建设，为民族医药人才尤其是青年人才提供就业发展机遇，由此缩小地区、城乡与民族间的医药人才队伍差距。其次，西部民族地区农村居民饮用水质量安全成为公共卫生和疾病控制的重要枢纽。例如受自然地理和经济条件限制，青海农牧区局部干旱少雨，牧民长期饮用高砷水、高氟水和苦咸水，时常发生水传染病和地方病。其他地区也存在饮用未经过滤的井水和自来水情况，妇女儿童患病率在50%以上，长期积累对身体健康构成危害。针对西部农村妇女及家庭饮用水困难问题，全国妇联和水利部联合设立"母亲水窖"公益项目，该项目以饮用水安全为行动主线，统筹考虑贫困、环境卫生、健康教育等在内的问题，形成综合扶贫开发模式助力协调发展，切实为西部农村妇女的生产生活奠定基础。② 通过实施村庄基础设施工程建设，推广农村饮水安全巩固提升

---

① 李春亭：《更好推进健康扶贫，助力民族地区脱贫攻坚》，《中国民族报》2017年第6期。
② 《中国社会扶贫创新行动优秀案例集2012》：《母亲水窖公益——发展中创新，创新中发展》，中共中央党校出版社2013年版，第246页。

工程，提升农村饮用水水源的保护，解决农村"吃水难"和饮水安全问题。以上举措对于农村地区尤其是民族贫困地区的妇女和儿童生存发展无疑提供有利的外部条件，人居环境建设更是极大改善他们的身体健康状况。

除加强农村医疗卫生服务体系的构建外，改善民族贫困地区人居健康环境也至关重要。近年来，国家依照乡村振兴规划和农村人居环境整治三年行动方案，农村改厕、污水收集处理、生活垃圾无害化处理、美化村容村貌等环境改善措施已取得显著成效。通过倡导居民饮用水消毒、食品营养均衡、药品安全和健康预防教育等方面，宣传普及长时期吸烟酗酒等不良生活习性对身体器官的损害，甚至会加剧贫困户因病致贫的风险，以此提升贫困人口注重健康的意识，养成良好的生活习惯和健康生活方式。通过完善民族贫困地区基础医疗卫生服务设施、整治乡村人居环境、转变不合理的生活习惯等多管齐下，从内外消除对村民身体健康的潜在危害，不仅由此强化具有社会性别敏感度的女性健康，为劳动力转换为经济价值，从而实现脱贫减困提供重要的前提基础，这更是从人类可持续发展的视角，不断致力于达成全民共享医疗资源和实现身心健康社会福祉的宏远目标。

综上所述，社会性别与减贫工作实施成效紧密关联，因而需倡导着眼于满足女性的利益诉求和愿望，激发民族地区女性参与脱贫治理的主体性作用。通过加大基础教育投资、实施农村家政推广、拓宽女性就业渠道、采取反就业歧视专项法律法规以及改善医疗卫生环境等方面，以外源发展方式切实从全方位多角度推动女性潜在的人力资源开发，从而促使该群体在社会竞争当中树立自立自强的坚韧心态，共同实现减贫发展与女性主体地位提高的双重目标。

第七章 民族地区持续脱贫的
动力及其逻辑关系研究

马克思社会发展动力学说的经典表述为"物质生活的生产方式制约着整个社会生活、政治生活和精神生活的过程",[1] 即生产力决定生产关系。传统社会发展动力理论以此观点为基石,认为人与自然是主体与客体的二元认知模式,生产力作为人们征服自然和改造自然的能力,在社会进步中起基础性作用。然而,传统学说虽为人类思想宝库做出重要贡献,"二元认知和实践模式却造成主体性系统的整体丧失",[2] 更重要的是忽视了社会群体的生活方式和样态、群体整个的人造环境,即"社会文化"。[3] 物质生产和精神文化被视为构成社会生活的两大核心部分,因此,应当将生态环境和文化特殊性纳入社会环境之中,全面把握和探索多元要素的社会动力发展观。

民族地区作为少数民族群体的聚居地,是维系民族文化的重要载体。物质生产和精神文化乃是构成社会生活的两大核心部分,因此,在推动民族持续脱贫进程中须将生态环境和文化特殊性纳入社会环境,宏观把握和探索多元要素的社会动力发展观。依据社会发展内源动力四要素"人、自然、组织和文化",[4] 将其整合应用于民族地区社会发展的生活实践当中。

---

① 中共中央马恩列著作编译组:《马克思恩格斯选集》第 2 卷,人民出版社 1972 年版,第82 页。

② 韩欲立:《传统社会发展动力观的解释性难题及其当代解读》,《兰州学刊》2005 年第5 期。

③ [英] 安东尼·吉登斯:《社会学》第四版,赵旭东等译,北京大学出版社 2003 年版,第 20 页。

④ 闫丽娟、孔庆龙:《政府扶持、社会助力与农民行动——人口较少民族乡村发展的内源动力新探》,《西南民族大学学报》(人文社会科学版) 2016 年第 7 期。

以其中两个要素的关系为例，具体深化为人与自然环境、组织与民族生态环境、民族生境与文化适应、组织对民族文化的保护与传承、生计方式与民族文化的调适这五种联系，从而构建出系统的发展动力框架及其内在逻辑关系，旨在为民族地区的生存和持续脱贫提供可参考的理论基础。

第一节 人与自然和谐共生

生态环境是人类赖以生存及提供物质维持生活的重要源泉，同样也是整个社会政治经济及文化得以稳健发展的基石。人类运用智慧开发利用并改造自然以谋求自身发展的进程中，赋予自然更多人性化价值，因而生态文明是人类追求自由、美好生活及和谐发展的摇篮。生态文明具体表现为人与自然在二者互动关系当中和谐共生，在维护生态环境平衡的同时获得经济、社会以及人文效益的协调与可持续性发展。

一、人与自然和谐共生的现代化理念

从深层内涵来看，新时代人与自然和谐共生主要通过以民为本的现代化强国建设与创新绿色增长的方式实现全面协调推进。

（一）以民为本的变革

人与人、人与自然之间的利益和物质变换成为谋得生存与发展的必需，但围绕物质利益和经济利益的活动过程中，人类逐渐打破与生态自然之间的平衡，演变为以个人利益为主导的利己主义，形成利益固化观念。因而，要维持人与自然共生共存的协同关系，必然要破除私人利益固化的观念，进行以民为本的思想变革，实现利益共享、责任共担的愿望。社会主义现代化建设始终以人民福祉为核心，不仅追求社会生产力的发展，更关注人民日益增长的物质文化以及对美好的生态环境向往的内在需要，努力使发展成果始终惠及全体人民，切实增强人民的获得感和幸福感。

人与自然和谐共生的理念适应现代化建设的内在要求，不仅充分保障

人民群众的经济权益、文化权益以及生态权益，还有效实现人与自然的和谐互动，从而在更高水平、更深层次上促进人的全面且自由的发展，实现人类社会的整体价值。因此，要让美好的生态环境化作幸福生活的增长点，需深化公众对共建生态文明的思想认同，积极主动将生态价值转化为经济效益，在科学规划下因地制宜实施生态扶贫。因民族地区土地资源贫瘠，当地农民多为散居，且居住条件和安全性较差，在对集中聚居进行合理规划改造住房环境后，不仅实现民有所居和民心安定，同时节约的土地资源还能创造新的经济效益。

（二）绿色发展的方式

绿色发展旨在受到生态环境容量和资源承载力约束性条件下，将生态保护视为可持续发展支柱的新型发展模式，其中"发展"主要涵盖社会公平、生态健康、环境绿化、人民幸福的四个层面。[①] 绿色发展的现代化经济增长方式严格遵循社会客观演变规律，构成人与自然和谐共生的强大助推力。"绿水青山就是金山银山"的"两山论"思想，贯彻于实际生产生活之中就形成了生态文明的绿色发展观，体现在建设中国特色社会主义进程中现代化理论和实践得到创新发展。

民族地区的环境质量保障成为经济持续发展的重要支撑，应根据民族地区的生态现状井然有序推动生态文明建设，增进当地民众的生态文明意识，密切关注产业结构和质量的提升。例如广西壮族自治区贯彻落实人与自然和谐共生的基本方略，始终坚持以绿色生态为依托，充分运用喀斯特风貌并结合当地壮乡民族特色，促使绿色、生态、有机以及循环经济一体化建设协同推进，"生态+特色产业"项目发展成果显著。在经济创造过程中，充分运用山清水秀的喀斯特风貌并结合当地壮乡民族特色，将生态和文化优势发展成绿色生态农业、生态旅游业以及创新开发使用绿色能源，淘汰落后及过剩产能，着力打造生态工业。

---

① 霍艳丽、刘彤：《生态经济建设：我国实现绿色发展的路径选择》，《企业经济》2011 年第 10 期。

二、民族地区生态环境的现状

民族地区为我国自然资源的富集区域，但与此同时生态环境保护的相对脆弱性构成生态危机频发。优质的自然资源是经济得以有序增长的重要前提，而当前民族地区生态脆弱的现实已危及区域性经济稳步向前，并维系着整个国家的生态安全屏障，攸关国内生产总值。作为国家经济社会发展不平衡不协调不充分的难点和重点区域，民族地区成为当前精准扶贫脱贫的主攻战场，同时也是污染防治攻坚战的关键对象。国家发展战略将民族区域所蕴含丰富的生态文化资源设为重点生态涵养区，因而，在精准脱贫以及污染防治攻坚战中的任务异常艰巨。[①] 因此，在现阶段决胜全面建成小康社会的挑战中，民族区域面临着来自生态文明高质量发展以及社会经济高效建设的双重压力，故如何实现民族地区经济进步与当地生态保护二者协同发展成为众多学者值得深思的话题。

为明晰当前我国民族地区生态环境的污染程度及变化趋势，现以我国民族地区八个省份即内蒙古、贵州、广西、云南、西藏、新疆、青海和宁夏为研究对象，涵盖我国五个民族自治区和三个少数民族较多的省份，并遵照国家"十二五"四项污染物减排约束性指标即化学需氧量、二氧化硫、氨氮和氮氧化物为依据，其中化学需氧量和氨氮是衡量地区水污染的关键性指标，二氧化硫和氮氧化物成为衡量大气污染状况的重要指标。通过选取由国家统计局披露的 2013 年至 2017 年《中国统计年鉴》近五年的污染防治数据，并对其进行宏观解析，旨在对民族地区的生态文明建设提供有效的建议。（见表 7-1）

---

① 延中、宁亚芳：《新时代民族地区决胜全面小康社会的进展、问题及对策——基于2013—2016 年民族地区经济社会发展问卷调查的分析》，《管理世界》2018 年第 1 期。

表 7-1　2013—2017 年民族地区环境污染的基本情况①

单位：万吨；%

年份	2013 年	2014 年	2015 年	2016 年	2017 年
化学需氧量	352.15	347.51	337.98	166.80	159.02
氨氮	30.50	29.88	29.01	18.89	18.37
二氧化硫	485.92	473.01	438.09	283.68	251.71
氮氧化物	446.38	414.03	365.56	272	231.22

表 7-2　民族地区指标占全国的比重

年份	2013 年	2014 年	2015 年	2016 年	2017 年
化学需氧量	14.97	15.14	15.2	15.94	15.56
氨氮	12.42	12.53	12.62	13.32	13.17
二氧化硫	23.77	23.96	23.56	25.72	28.75
氮氧化物	20.04	19.92	19.75	19.51	16.94

数据来源：依据国家统计局 2014—2018 年《中国统计年鉴》相关数据整理而得。

由表 7-2 可知，2013—2017 年近五年当中，我国民族地区的化学需氧量、氨氮、二氧化硫和氮氧化物排放量连年来总体均呈现下降趋势，从中表明民族地区的水污染以及大气污染状况持续得到有效的缓解，这与国家在 2011 年"十二五"约束性指标减排及主要污染物总量控制的基本要求相一致。但是，从民族地区的四项刚性约束指标占全国的比重上看，除氮氧化物占比呈下降趋势外，其余三项占比总体呈上升趋势，直到 2017 年化学需氧量和氨氮排放物比重才有所回落。从该方面反映出，民族地区的污染防治状况滞后于全国范围，治污减排的工作实效仍然值得进一步关注。

除了上述的水污染和大气污染外，民族地区仍处于生态环境恶化的困境当中。由于受到自然因素和人为因素的双重影响，民族地区尤其是西部民族区域过度放牧、乱砍滥伐、盲目建造产业以及自然资源过度开发造成

---

① 依据国家统计局 2014—018 年《中国统计年鉴》相关数据整理而得。

一系列生态失衡难题，成为生态危机频发地带。目前民族地区的生态危机
主要表现在：草原植被和森林覆盖率降低、水土流失日益严重、土地沙化
面积不断扩大以及由此引发的生物多样性锐减，可利用生态资源日趋枯
竭。（见表7-3）

表7-3　民族地区生态环境恶化的现状及原因[①]

地区	生态环境困境	自然因素	人为因素
内蒙古	草场退化、土地沙化、水土流失、工业污染	气候干旱	过度放牧、粗放经营
广西	土地石漠化、生物多样性减少、水土流失、森林湿地减少、工业污染	喀斯特地貌、地形破碎	过度砍伐、围海造田养殖、粗放开采资源
贵州	土地石漠化、水土流失、森林减少、环境污染严重自然灾害频发	喀斯特地貌、地形破碎、地貌影响	毁林开荒、陡坡种植、乱采滥挖、粗放经营
云南	水土流失、石漠化、森林减少、水质下降、灾害频发、工业污染	喀斯特地貌、自然灾害频繁	过度砍伐森林、粗放经营
西藏	草原退化、生物多样性锐减、水土流失、土地沙化、湿地面积减少	干旱寒冷、生态脆弱、灾害多	盲目开发湿地、乱挖滥伐、乱捕滥猎
青海	土地沙化、水土流失、水资源短缺、草场森林缩减、生物多样性减少	高寒、生态脆弱	超载过牧、盲目采掘、粗放开发资源
宁夏	土地沙化、土地盐碱化、水资源短缺、工业污染	北部干旱、南部地形复杂、破碎	超载放牧、粗放经营、乱挖滥采
新疆	土地沙化、土地盐碱化、水土流失资源短缺、工业污染	气候干旱、沙漠面积大	超载放牧、乱砍滥伐、过度开垦、粗放开采

三、民族地区生态环境与居民生活的适应

少数民族主要分布在我国的东北、西北以及西南等地区，其中蕴藏着
丰富的森林资源和淡水资源而成为我国重要的自然生态功能区，作为我国
的天然生态屏障，这些区域的生态环境状况不仅对当地的经济振兴和人的
发展具有深远影响，甚至会辐射整个国家的生态环境系统。民族八省份由
于受到自然和人为双重因素影响，尤其是西部区域显现出一系列生态失衡
难题。反之，生态环境、地理方位和气候条件等要素均对民族生活方式造

---

① 郭景福、张扬：《民族地区生态文明建设与特色产业发展理论与实务》，民族出版社2017
年版，第33页。

成影响，其中最为显著的特征是居民建筑。如云南彝族位于西南山区，瓦板房、土掌房等传统建筑多为就地取材。且传统聚居选址主要依赖地理地利，半山而居既有助于从事种植业，又能够避免水患兼顾生产，增强自我保护。① 自然质朴的建筑样式和空间布局展现人与自然和谐相处的美感，是人民对自然环境主动调适的生态智慧，也是物质文化与精神文化融合的结晶。

我国的西北、西南和东北等少数民族聚居地存在相当多的贫困人口，受到主客观条件的限制造成经济发展速度滞后于全国水平。从主观因素上看，西南少数民族地区受到人口快速增长、原始生产方式、传统农业结构和对资源的不合理开发，造成当地自然生态环境的破坏。同时，伴随人口快速增长、传统农业结构和资源不合理开发，使当地生态环境遭受破坏。生态环境的恶化会导致自然环境脆弱性增强，加之大部分贫困人口聚居于自然环境脆弱地区，从而易形成"贫困—破坏—贫困"的恶性循环。因此，在长期饱受生活困顿的状况下，民族地区亟待外界提供科学规划和扶贫援助，树立人与自然和谐共生的观念。在自主运用当地现有资源改善自身生计方式的同时，能进行有序的生态文明建设，实现人与自然、发展与环境之间的和谐。

第二节　组织对民族生态的保护

近年来，民族地区生态环境所固有的脆弱性日益凸显，暴露出自然灾害频发、生态调节功能减退等环境恶化问题。为恢复民族地区绿水青山，更好地发挥国家生态屏障区的生态安全保障功能，这不仅需要强化政府生态环境保护的主要责任，还需依靠环境保护非政府组织的环境治理协助作用，切实做好在生态文明理念引领下多主体、全方位的民族生态环境治理与保护，全面建设环境友好型社会。

---

① 荀利波、李关平：《少数民族对生态环境的文化适应策略——基于云南傣族、彝族、纳西族居住习俗的典型分析》，《齐齐哈尔大学学报》（哲学社会科学版）2016 年第 2 期。

一、政府在民族生态环境保护中的责任

政府环境责任即政府在环保领域所应当承担的义务。按内容划分，政府环境责任主要由环境政治责任、环境行政责任以及环境道德责任等要素构成。[①] 强化政府环境责任对于构建和谐社会具有现实而深远的意义，集中表现为扼制生态环境恶化的严峻趋势、保障公民的环境权益、推进经济增长与环保协调以及更好地建设责任型政府等方面。

（一）政府环境政治责任

政府环境治理中，政治权力的运用对于民族生态环境的发展变化趋势具有约束效力。实现政府环境政治责任是对环境问题的行动方向、目标和方法的重要抉择，主要以环境政策的形式表现出来。因此，环境政策承接环境法律和环境规章制度，下呈环境保护管理实施，置于承上启下的关键地位。自西部大开发以来，国家出台包括民族地区在内的退耕还林主要政策。此后，2002 年政府批准在西部地区 11 个省份实行退牧还草政策，草场植被恢复的同时也有效保护生物多样性。民族地区在享有区域自治制度的政治优势下，以国家层面的法律法规为指导，可根据民族地区的实际情况独立制定和实行本民族的环境保护政策。例如，贵州省依据环境法相继颁布《黔南布依苗族自治州城市水污染防治条例》《黔南布依苗族自治州天然林保护条例》《威宁彝族回族苗族自治县草海保护条例》等多个单行条例，具体化的事项有效协调地处理了当地的环保问题。

（二）政府环境行政责任

政府环境行政责任指"政府在环境保护中的权利和义务，以及因违反权利和义务的法律规定所承担的法律后果"，[②] 即第一性义务和第二性义务。虽然民族地区的局部环境质量得到改善，但是整体性植被被破坏、水

---

① 许继芳：《建设环境友好型社会中的政府环境责任研究》，上海三联书店 2014 年版，第 59 页。

② 蔡守秋：《论政府环境责任的缺陷与健全》，《河北法学》2008 年第 3 期。

土流失、河流和空气污染等生态问题仍然存在。故而，生态环境监督机制在环境治理工作中至关重要，政府环境监测和评价环境质量为部门制定环境条例提供了准确和宝贵的数据信息和相关资料。为保障公众的知情权和参与权，政府环境信息公开为提高公众环保意识奠定基础，主要通过政府门户网站发布环境报告、依法通过申请公开、广播电视和报刊等方式对信息例行公示。此外，对政府自身是否履行职责进行监督和追究，应重点强化环保职能部门的环境行政责任问责制，这是构建政府生态责任的重要举措。通过环保职能部门的监督、问责与政府绩效考核相关联，将考核情况纳入干部选拔任用和奖励的指标体系当中。然而，我国西部民族地区的生态责任机制仍存在缺陷，主要表现为绩效考核指标设置不合理、责任监督和追究机制尚未健全。因此，政府应当通过"责任嵌入、信息公开、队伍建设等内部运行机制加之合作共治、宣传教育、强化监督和责任问责等外部配套机制来构建西部民族地区政府责任追究机制"。[1]

（三）政府环境道德责任

政府环境道德责任指"行政主体在行使行政职权时所应承担的道德义务及违反道德义务应承担的后果"。[2] 作为落实政府政治责任的内在约束机制，政府环境道德责任是政府环境治理的内化要求，其主要内容由"行政个人的思想道德意识和政府组织的道德责任价值追求"[3] 所构成。其中，道德责任意识主要涵盖生态保护知识、积极的生态道德责任态度与坚定的生态道德责任意志；政府组织的道德责任价值追求可集中表现为：可持续发展观、生态善治观以及生态公正观。环保行政人员作为社会重要的职业劳动者，需要进行人力资源的开发以增进环保道德价值取向，在社会群体中起到引领带头作用。要实现民族地区山川秀美的生态建设的目标，需将外在的法律规定融入个人认同，进而转化为环境道德信念所发挥的内在动力和德行力量，做到内化于心、外化于行。故此，积极培育生态环境

---

① 陈景森：《西部民族地区政府生态责任追究机制创新研究》，《对外经贸》2017 年第 9 期。
② 高元庆：《政府道德责任的内涵、特征及价值取向》，《四川行政学院学报》2004 年第 3 期。
③ 王欣龙：《生态文明建设中的政府道德责任研究》，硕士学位论文，南京大学，2015 年。

建设参与主体的素质与行政能力显得愈为重要。

二、非政府组织在环境保护领域的主要作用

环保非政府组织指的是"以环境保护为主旨，不以营利为目的，不具有行政权力并为社会提供环境公益性服务的民间组织"。[①] 在民族地区具有影响力的环保非政府组织主要有：甘肃"绿驼铃"环境发展中心、青海三江源生态环境保护协会、内蒙古阿拉善 SEE 生态协会、绿色流域、绿色康巴协会等。环保非政府组织在民族生态保护历程中逐渐发展壮大，成为环境治理的重要力量，所发挥的功能效果日益凸显。

1. 政治作用：参与制定政府环保公共政策

地方政府在环境治理中要维护好多个民族的利益，便需要政策与制度方面的协调与配合。在此过程中，环保非政府组织能够在公众与政府之间建立联结作用，将政府的相关环保政策在社会中进行解释与宣传，同时整合社会团体的利益诉求向地方政府部门传达，提供合理建议，即起到"社会调节器"的作用。环保非政府组织大多由专家学者或知识技能人才所组成，实地参与调研地方环境污染防治和进行民意走访调查，因而能够免受经济裨益的驱使，提出与政府无直接利益抵触的见解。例如，1994 年中国首个成立的民间环保组织"自然之友"，在 2003 年国家发改委通过怒江流域兴建水电站方案后，与绿家园、云南大众流域等其他非政府组织提交反对怒江建坝的提案，并借助互联网及新闻媒体平台进行舆论宣传，最终使得该计划搁置。"怒江保卫战"成为环保非政府组织首次在公共决策上产生大规模影响的事件。此外，2012 年"自然之友"邀请环境专家和律师四次参与《环境保护法》的修改，期间提出立法尚未完善、实践难以操作等问题，并针对相关条文提出修改意见。同时能够将政府的相关环保政策在社会中进行解释与宣传，整合社会团体的利益诉求，向地方政府

[①] 李妙然：《西部民族地区环境保护非政府组织研究——基于治理理论的视角》，中国社会科学出版社 2011 年版，第 34 页。

部门传达，提供合理建议。通过新闻媒体或提交环境调研报告、政策倡议等途径间接影响政府决策，以增进环保政策的科学性和民主性。

2. 经济作用：推动发展民族地区绿色经济

民族地区环境治理的领域主要是"民族八省区"，这些地区蕴含着富足的自然资源和多样化生物，同时伴随着经济贫困、民族杂居、生态脆弱等问题。从我国贫困人口分布上看，"60%以上的贫困人口都集中在西部地区。贫困人口汇集的地方，同为自然保护区集中分布的区域"。[①] 然而，环境保护只有在满足当地经济增长的情况下，才能起到预期效果。因而，环保非政府组织着力构建环保与经济发展相协调的机制，通过深入农村协助当地农民发展绿色经济，树立环保与扶贫意识。如广西金秀大瑶山自然保护区的可持续发展示范项目由美国大自然保护协会同扶贫办联合启动，旨在将贫困地区生态环境保护与扶贫开发相协调。2004年8月，美国大自然保护协会在云南丽江启动绿色乡村信贷项目与替代薪柴能源项目，开发沼气和建立蔬菜大棚，并为家庭安装节能炉灶、太阳能热水器等替代能源基础设施，从而将生计改善与生态保护有机结合。2007年11月，美国大自然保护协会同国务院扶贫办和广西扶贫办联合启动"广西金秀大瑶山自然保护区参与式保护与社区可持续发展试验示范项目"，旨在将贫困地区生态环境保护与扶贫开发相协调。鉴于此，民族地区的特殊性决定了环保非政府组织必须主动将扶贫开发与环保治理相结合，始终秉持这一要求才能更好地为当地可持续发展做出贡献。

3. 文化作用：宣传增强公众环境保护意识

化解生态环境中"公共绿地悲剧"的存在问题，归根结底在于人。人的外在行为受到潜在意识的支配，只有正确认识人与自然的关系、树立环保观念，才能从根源上遏制环境恶化趋势。为此，在社区中普及环境教育成为强化公众环保意识的必然选择。环保非政府组织不断倡导提高全民环保意识，积极探索地域性环境教育途径，在各领域展开公益宣传教育活

---

① 张磊：《中国扶贫和生物多样性保护》，《生物多样性保护与扶贫研讨会论文集》，中国环境科学出版社2004年版。

动，如街头宣讲、举办环保讲座、出版书籍、媒体报道等方式，呈现出教育对象广泛、内容丰富以及方式多样化的特点。2005 年"北京地球村"同铁道部和多家环保组织联合启动"绿色列车"项目，选取由北京至昆明以及北京至满洲里的列车作为流动教学课堂，沿途呼吁西南山地和内蒙古大草原的生物多样性保护与生态旅游相结合，并为乘客发放宣传手册，由此在进入生态保护区前做好环保知识讲解的准备工作，力求游客对当地环境的影响度降至最低。针对规范性环保教育水平落后的现状，环保非政府组织有意识地将学校教育与环保目标相融合。如 2014 年"自然之友"创办盖娅自然学校，通过设置盖娅环保课程、自然体验师培训以及走访各地的营队活动，致力于打造体验式的环境教育过程，以期实现环保意识深入人心并转化为自觉行动、营造绿色公民的社会氛围的盖娅目标。非政府组织的宣传教育活动，不仅给群众提供交流学习的场所和机会，更能烘托共同参与到环保行列的舆论和环境气氛，从而促进各界社会人士环保参与的积极性。

4. 社会作用：协助政府构建环境伦理社会

政府作为管理主体虽在环境治理过程中发挥主导作用，但也不可避免地存在局限性，在环境管理当中面临"政府失灵"的问题，如环保部门的治理目标和要求存在差异，并且在环境监测和治理方面需要专业化的技术支持，因而单靠政府之力难以包办整个社会的环保工作。政府的行为特性从中决定了环保主体的多元化，尤其需要调动非政府组织的参与积极性。加之环保非政府组织具有信息及时、行动灵活、领导力强的特性，成为当前协助政府建设环保事业的补充力量。这就需要政府与环保非政府组织二者间建立和谐的互动关系，政府为环保非政府组织提供政策和经费支持，环保非政府组织又为政府建言献策、进行环保项目合作并协助举办环保宣传活动。该组织所赋有的公益性、志愿性和非营利性的伦理属性，[1]发挥着社会道德整合作用。即"通过多种形式的道德实践活动来引导社会

---

① 安云凤：《非政府组织及其伦理功能》，《中国人民大学学报》2006 年第 5 期。

价值取向，以形成开放、统一的道德，推动社会伦理秩序有效实现"。①可见，作为具有社会道义精神和深刻伦理蕴含的社会组织，始终秉承人与自然和谐共生的价值理念，能够培育组织成员高尚的道德品质，从而在社区环保宣传活动中潜移默化提高个人美德，这对于推动社会道德进步、建设环境伦理和谐社会而言意义重大。

第三节 民族生境与文化适应性

文化生态学代表人物斯图尔德倡导运用生态学的观点看待文化的发展和变迁，重视自然环境与文化的紧密联系。从该学说的核心观点出发，本节将民族生境与当地文化有机整合，诠释民族文化与生存环境的调适过程。

一、民族生境与生态系统的关系

生态文明建设主要通过协调人与生态环境的关系，实现自然生态系统与文化生态系统的和谐统一。立足于宏观角度，整个社会或是民族地区赖以生存的环境都将置身于一个庞大且复杂的生态系统之中，主要由自然生态系统与文化生态系统及其所属各个要素构成。(见图 7-1)

在文化生态系统中，民族文化与当地自然生态环境交错作用下，建构起区域所独有的"民族生境"。"生境"被定义为：各民族在文化规约下，人为构造的次生生态系统，它除了受到文化制约，还受到生命信息的节制，是文化和生命信息相互作用的产物，必然具备文化的特性。③ 其中，民族文化与生态的互动关系表明，民族生境的构建直至运行都处于各层次各要素所组成的系统化当中。而民族生境作为一个次生生态系统，必然会

---

① 李茂平:《民间组织的道德整合功能研究》，博士学位论文，华中师范大学，2008 年。
② 肖青:《西南少数民族地区村寨生态文明建设研究》，科学出版社 2014 年版，第 13 页。

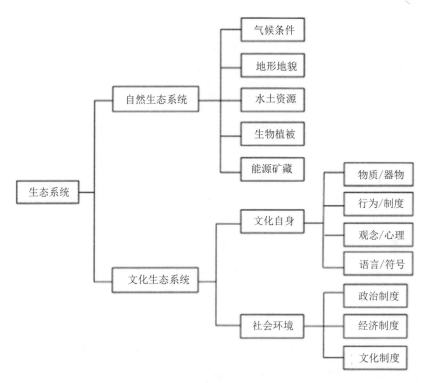

图7-1 生态系统的构成要素①

掺杂诸多自然生态系统之外的社会环境因素，从而更加剧它的复杂特性。② 因此，不能用片面孤立的思想去分析民族地区文化行为和经济活动的产生和发展，更应深入剖析当地民族地区人类活动的背景，探索其间以因果关系为基础的网络联系。

二、与民族生境相适应的民族文化

民族是"人们为满足征服或利用生境的需要，在世代延续过程中所创

---

① 杨庭硕：《生态人类学导论》，民族出版社2006年版，第44页。

② 罗康隆：《文化适应与文化制衡——基于人类文化生态的思考》，民族出版社2007年版，第79页。

造出独具特色的文化，并依靠区别于其他共同体的文化事实而维系的人们聚合体"。① 文化主要涵盖民族习俗、生活方式、语言表达、群体认知以及伦理信仰等诸多方面。因而，在整个社会文化体系中，文化的发展以民族为单位，民族始终作为文化发展的重要载体。由此可见，生境、民族与文化三者之间存在密切相关的互动关系，且文化成为维系该系统的核心要素。

任何民族文化都依赖所处的民族地域与生态自然环境，但不能逾越特定的物质供给而超然独立于各个民族的观念之中。相应地，民族文化在发展过程中也深刻地打上了当地自然背景的烙印，它既是民族文化存在的依据，也是文化存在与发展的制约要素。人类在不同地理环境和自然条件下进行生息繁衍，因而形成一系列区别于其他民族的适应生态的生活文化，称之为"文化适应"。从根本上看，民族文化在经受长期历史变迁中创造和发展而来，是独具本民族特征的物质文化与精神文化，主要表现为当地居民衣、食、住、行等民族传统模式，是人们面临特定生境下的具体生存策略。为更好地探讨在不同民族生境下的文化适应策略，分别选取瑶族的"衣"、藏族的"食"、傣族的"住"以及新疆维吾尔族的"行"作为民族习俗的典型案例进行分析，以期提供可借鉴经验。

首先，在"衣"的表现上，以瑶族民族服饰与生态适应为典型。民族服饰文化属于人类物质文化的关键构成，是区别于其他民族的重要标志。作为人们长期生产和实践活动的产物，服饰的色彩、样式、质料往往与该民族的自然环境、地理条件、物质文明和历史文化等因素密切相关。瑶族作为我国一个历史悠久和富有灿烂文化的古老民族，主要聚居于南方地区，其中广西地区分布居多。瑶族主要位于高寒山区，受到气候和地形地貌限制，道路崎岖且耕作土地面积较小，农业生产及工业经济发展方式受到制约。在日常生活中，瑶民为适应气候、生态环境的需要，通常穿着蓝色、青色等深色系服饰。由于海拔较高且地形复杂，瑶民为方便日常劳

① 罗康隆：《文化适应与文化制衡——基于人类文化生态的思考》，民族出版社 2007 年版，第 70 页。

作、避免被枝干划伤，并达到防晒与防止山地虫蛇叮咬的效果，故设计出一整套具备头巾、手帕、衣裤、腰带、大小裙以及绑腿等的民族服饰。[①] 其中，头巾出于在耕作过程中对头部的保护而设计，绑腿则避免虫蛇的侵袭以及躲避风寒。此外，在出席民族重要活动时，瑶民会穿戴色彩绚丽的衣领、头巾，头插银质或玉质发簪，佩戴银饰来装饰自己。总之，服饰的设计首要作用是出于对自身的保护，并依据当地自然环境对服饰要素逐步加以改造。

其次，在"食"方面，以藏族饮食习惯与生态适应为典型。"民以食为天"表明饮食是人们维持生命、谋取发展的最基本需要。俗话说"靠山吃山，靠水吃水"，这实际上是居民饮食结构与当地自然环境相契合的形象反映，是人与自然界进行物质交换的活动过程。我国藏民主要分布在滇西北部，地处青藏高原至云贵高原的过渡区域，形成以雪山草原和高山峡谷为主的自然风貌。在严酷的自然条件下，当地居民主要种植耐寒耐旱的小麦、玉米、青稞和荞子等农作物，并造就出与当地气候和土壤状况相契合的轮作制度。丰富的草场资源则有助于发展畜牧业，并为藏民提供大量牛、羊肉以及奶制品作为主食。加之，在云南藏族区域主要以青稞、奶制品、牛羊肉以及茶马古道上交易的茶叶为饮食必需品。由此所形成的饮食习惯不仅有益于身处高寒缺氧地区的藏民维持自身的蛋白质，增强身体耐受能力，由茶叶制成的酥油茶还能够起到助消化、御寒、预防身体干燥等多重作用。此外，游牧民族食用奶制品的种类因季节而异。夏秋季节以鲜奶、奶油为主，到了冬春季节则以干奶酪和酥油为主，这种饮食结构既满足了人体所需的营养，又顺应不同季节牲畜的产出情况，其中蕴含着生态保护和对资源可持续利用的人类智慧。

在"住"方面，以傣族住房建筑与生态适应为典型。民族聚居区展现人们对环境保护的共识和响应，是人、环境与建筑形态三者的协调统一。居民发挥才智并巧妙运用自然禀赋，花费小成本便能实现更大的效

①　薛元达：《民族地区传统文化与生物多样性保护》，中国环境科学出版社2009年版，第125页。

益。傣族的住房建筑历史悠久，被人们广为知晓的是"吊脚竹楼"典型建筑。傣族主要分布在亚热带河谷地带，村落选址在沿河平坝处，且周围广泛生长翠竹。利用当地资源优势，就地取材而建造出以竹木为主的建筑材料。以竹作为整体架构，屋顶由茅草铺制，适应了西双版纳炎热且降水充沛的气候条件，以达到通风散热、便于外排雨水的作用。另外，由于气温湿热蛇虫较多，竹楼的居室脱离地面，形成上层住人、下层架空关牲畜或堆放杂物的二层住所。双层吊脚竹楼不仅实现充分享受光照和通风的效果，还能够有效避免虫兽侵袭，保护自身居住安全。由此看出，傣族富有特色的吊脚竹楼是先人优秀的文化结晶，同时也是傣族文化适应的具体体现。

最后，在"行"方面，维吾尔族传统出行方式更好地与当地生态相适应。由于新疆地区远离海洋深居亚洲腹地，因此降水量少且气候干燥。大部分地区春夏和秋冬以及昼夜温差非常大，日照时间充足。面临严酷恶劣的出行环境，维吾尔族人民一直延续着优秀的传统出行文化。在受到地形限制车辆无法行驶的沙漠地带，被称为"沙漠之舟"的骆驼在人们长途出行、物资运输中担负着重要任务。因驼峰能够储存脂肪，便可在食物紧缺的境况下分解出水和热量，从而能够适应沙漠地带干旱酷热的天气，且骆驼足皮厚且宽大，适合在松软的沙地里行走。此外，骆驼还具有犁地、驮运等生产性能，极大提高了当地农业生产和运输的效率，并且所需成本较低，增加了人们的经济效益。随着社会的进步和发展，尽管当前交通工具已有很大改变，出行速度有所提高，但以蓄力为动力的传统出行文化仍然在维吾尔族人民心中占据不可磨灭的地位。

在民族生境与民族文化的互动中，除民族生境对民族文化造成影响外，民族生态文化当中所蕴含的文明、进步和科学思想同样有助于当地生境的保护。例如藏族环境习惯法和苗族习惯法倡导环境保护、生物多样性保护的思想，具有强烈的适应性和地域性特征；纳西族东巴教所信仰的宗教文化坚信世上万物皆有灵性，人与自然为兄弟关系；西双版纳基诺族的轮歇栽培、农事历等农耕习俗对生态系统的保护作用等。因此，民族传统文化与区域生态环境的影响是双向的，但在现代化科学发展时期自然如何作用于文化、在社会经济增长条件下如何进一步维持民族文化的生态保护功能等问题上仍值得深思。

第四节 组织对民族文化的保护与传承

在现代多元文化交融背景下，民族地区持续遭受外来文化和市场经济的冲击，民族传统文化的存续环境变迁以致民族群体难以保存完整的民族文化而濒临文化危机。因此，在民族空间受到外界影响的紧迫形势下，亟须发挥社会各界的主观能动性，共同致力于民族文化的全方位维护与永续传承。

一、民族地区文化危机的具体表现

随着区域经济增长及商业化冲击，民族地区尤其是少数民族群体对本民族传统文化的保护意识衰微、民族文化认同和传承陷入困境，使少数民族文化陷入危机，物质与非物质文化均被淡忘，具体表现在以下几个方面：

（一）少数民族语言文字逐步边缘化

了解民族文化的首要前提是掌握民族语言和文字，这成为传统文化得以传承的重要载体和核心要素，是多样化民族风情的重要展现。当前现代化进程加快，打破民族文化原本封闭的赖以生存的空间，信息通信的便捷使得沟通渠道多元化，从而造成原生语境弱化、少数民族语言文字濒于无人秉承的危境。例如，由于受到汉语普通话泛化影响，侗族的侗语使用人数锐减，并且逐渐退出民族村寨中的交际场合。经对黔东南侗族的母语使用调查显示，"在成年侗族人中，只有6%的人使用侗语；50.5%使用侗语和其他语言；40%仅用汉语；其余使用汉语和其他民族语言"。[①] 由此可

① 傅安辉：《侗族地区经济文化保护与旅游》，中国言实出版社2011年版，第583页。

知，侗人使用母语比例为 56.5%，侗语的普及现状以及未来的趋势令人担忧。随着课堂教育中汉字和普通话的普及，青少年对本民族语言文字的运用削减并逐渐被人们所淡忘。总之，由于民族语言和文字受到主客观方面的影响，新一代民族群体不仅了解当地文化的机会减少，也造成本民族文化的忽视甚至是抛弃。

（二）少数民族传统技艺濒临失传

民族传统技艺是进行社会生产和生活生成的民间艺术，是发展经济和文化的重要资源，也是民族地区人民生活风俗及精神风貌的表现形式。反观在当前市场化外来旅游、信息工业化、科学化等浪潮下，民间工艺手工制作过程烦琐、费时费力且成本高等缺陷，加之机械自动化的深造使得青少年并不乐于接受传统文化遗产。老一辈民间技艺传承人却逐渐在社会变革中被遗忘，造成传统技艺群体老龄化甚至无人继承的严峻考验。譬如，国家级非物质文化遗产黎族传统纺染织绣技艺，是海南省黎族妇女精通的一种纺织技艺，成为黎族传统文化的关键。黎锦在黎族社交场合、宗教仪式和民族节庆中担任着重要角色，成为黎族文化的载体。但制作工艺流程繁杂，包括纺纱、染色、织布和刺绣四大工序，年轻人开始被形色各异、款式多样化的现代服饰所吸引，后辈不愿传承造成黎族织锦技艺后继乏人。此外，文化保护意识淡薄、制作材料匮乏和传女不传男习俗制约等原因，致使黎锦技艺濒临失传。

（三）少数民族民间文艺走向消亡

民间文艺是在社会中、下层民众中广泛流传的音乐、舞蹈、美术、戏曲等艺术创作活动。[①] 同时，民间文艺承载着民族文化中的情感共鸣，描绘民族文化生活，是民族文化的特殊表达和记录方式，能够整体提升群体的民族自信和凝聚力。然而，民族歌舞作为我国的文化瑰宝如不加以保护，则会被西方曲艺所影响，逐渐丧失传统创作韵律和意境。根据甘肃积石山县保安族音乐和舞蹈的调查发现，"在音乐方面，有 65.1% 的人表示

---

① 钟敬文：《民俗学概论》，上海文艺出版社 2009 年版，第 327 页。

不会唱；在舞蹈方面，不会跳也不想学的占据 45.8%"。[①] 可见民歌和舞蹈的传唱度和认知度较低，且代际差异明显。如云南白族大本曲因受现代时尚曲风的冲击，加剧了本身就具脆弱性的民间口承文艺资源的衰落。除民族民间的音乐和舞蹈之外，民间曲艺、文学、美术也属民间文艺的重要构成，需社会各界对它们进行弘扬与保护，使优秀民族文化永葆常青。

二、民族文化保护与传承的参与角色及其作用

民族文化中非物质文化遗产占据很大比重，因此，民族文化保护工作不单是一项文化保护运动，更是我国进行文化建设的新模式。其中，参与民族文化保护与传承的力量众多，包括政府、文化传承人、非政府组织等在各自领域发挥作用，担负不同的任务，最终形成强大合力对民族文化实行高效保护。

（一）民族文化保护与传承的主导作用：政府

我国政府作为"掌舵者"在民族文化保护实践中始终居于主导地位。在长期的文化保护工作中，政府角色主要担负建立健全法律法规、完善政策保护体系、提供财政支持、进行组织管理等方面。这四项体系的形成，是"中央政府有效组织、规划、建立中国非物质文化遗产保护体系的政策保障、法律保障、经费保障与组织保障"，[②] 是政府进行文化保护工作的基本职能。首先，市政府和各级乡镇政府应当坚持统筹全局、多方参与的原则，依照文化保护各项指标进行政绩考评。分级设立民族传统文化保护项目，按实际情况制定文化保护责任承担机制，积极引导文体局、文化馆和民俗博物馆进行项目保护工作，确保权责分明、资金到位、工作高效。其次，以如壮族三月三、布依族六月六、彝族火把节等民族节日为契机，深入走访并拍摄民族文化保护主题宣传纪录片，充分利用现代数字化资源

---

① 石蓉蓉：《我国人口较少少数民族文化传承调查研究——以甘肃积石山县保安族为例》，《兰州文理学院学报》（社会科学版）2019 年第 3 期。
② 苑利、顾军：《非物质文化遗产保护前言话题》，文化艺术出版社 2017 年版，第 221 页。

实施宣传报道。并且结合民间文艺活动下乡、进校园、进社区的开展，弘扬民族传统优秀文化，营造良好氛围号召社会力量的共同参与。重要的是，要坚持保护传承与创新开发的统一，着力寻找文化与经济的契合点。若只注重保护传承而不在内容和形式上创新，则会失去时代活力；若只创新而不保护传承，则会使民族文化的发展失去本真和永续传承的根基。

（二）民族文化保护与传承的主体作用：传承人

传承人是民族文化的传递者和承载者，起着承前启后的重要作用。民族文化传承人是指在继承民族传统文化中熟悉文化和精通独特技艺，并坚持对文化的保护传承和创新发展的关键人物。目前传承人主要由单独的社会个体和群体所组成，包括家庭传承和社会传承。在诸多参与民族文化保护的群体中，真正担负文化继承和创新的只有传承人，因而成为整个保护与传承活动的主体。传承人在一国文化传承过程中始终扮演不可或缺的角色，他们是民族传统技艺和民间文学艺术的重要传承者，是民族历史演变的重要记录者，亦是民族精神与道德的坚定捍卫者。作为一个特殊群体，他们被国家赋予崇高的地位和人民荣誉，融入行业信仰将传统文化不断延续。社会各界仍需弘扬与塑造"工匠精神"，坚持精益求精、以质取胜。传统手工艺制造者"工匠精神"的塑造，但要以行业法规作为制度保障，更重要的是传承者对传统文化的坚定信仰和深厚情感的心理支持，以此认清自身作为文化载体的本职工作；而"文化自觉"通过唤醒传承人对民族文化价值的认知及其在民族文化未来发展中的主体地位，有效增强文化继承者的历史使命感和民族责任感。

（三）民族文化保护与传承的助力作用：非政府组织

非政府组织以非营利性为目的开展志愿性合法性活动，实现自治七要素即"组织承诺、分散的财政支持、公众基础、技术、社会管理优势、发展策略以及积累经验"，[①] 故而，在民族文化保护及传承中具有显著优势。首先，我国民族文化保护的参与者主要由高校学者、科研院所研究人员和

---

① ［美］朱莉·费希尔：《NGO与第三世界的政治发展》，邓国胜、赵秀梅译，社会科学文献出版社2002年版，第74—98页。

具有专业知识的专家所组成，他们在工作中能够贴近民众需求、结合专业知识提供保护技术指导、拓宽资金筹集渠道，彰显出强烈的文化保护责任感。其次，作为政府与民间群体之间沟通的桥梁和纽带，能够及时反映民众对于文化保护的想法，并将政府的政策意图准确进行传达，维持二者的良性互动关系。再者，NGO 在弘扬和宣传传统文化方面起到关键作用，能够弥补政府在公共事务中所出现的不足。例如，北京文化遗产保护中心旨在帮助民众进行文化遗产保护、少数民族文化复兴等重要领域，并且成功发起阿尔羌少数民族文化振兴项目，受到当地民众的赞赏。不仅如此，非政府组织在弘扬和宣传传统文化方面起到关键作用。由专家学者参与实地调查并编写少数民族地区的乡土教材，立足实际倡导对环境保护的关注，呼吁年轻一代对民族传统文化的保护和传承。

在当前旅游产业和文化产业兴起的境况下，虽打着"文化保护的旗帜"，但文化传承的主体、内容和形式正悄然发生改变，造成文化精神虚无、对文化发展前景缺乏正确认知。总之，坚持做到"两条腿走路"，探寻保护传承与创新开发的统一，多主体着力寻找文化与经济的契合点成为关键。若只注重保护传承而不在内容和形式上创新，则会失去时代活力；若只创新而不保护传承，则会使民族文化的发展失去本真和永续传承的根基。

第五节 生计方式与民族文化的调适

生计方式是为满足民族共同体生存所需要的一种基本手段或渠道，它不仅反映与地域环境相适应的经济发展水平，还蕴含着与经济发展方式相契合的深层文化智慧。在独特的自然和社会环境作用下，造就出多元民族文化，且它能够包容差异化的经济形态。因此，依托于资源开发利用技术的生计方式表现出地域文化特征。生计方式作为民族多元文化的重要组成部分，生计方式的变迁亦会对民族社会文化和生态文化产生影响。

一、生计变迁对民族社会文化的影响

生计方式的变迁必然会对民族社会文化产生诸多影响，具体表现在生活方式和民族信仰两方面。首先是民族生活方式的调适。民族生计的变迁是人们适应当地自然与社会环境的结果。由于传统生计策略的改变，当时居民的社会生活方式受之影响也悄然发生变化。在进行市场贸易的过程中，打破原本自给自足的生产方式。农户经济收入增加、交通的便利提升了当地饮食文化和物质生活水平。除此之外，生计方式还会对人们的民族服饰、居住习惯和生活秩序等方面造成影响。其次是民族隐性的精神文化的改变，其中包括各民族的民间信仰。如花腰傣长期形成以稻作农业为主的生产模式，民间信仰仪式如"祭龙、祭竜、开秧门"等都与该生计密切相关。随着民族生计方式的改变，传统种植业的耕种者转变为土地租让者，定期收取固定租金维持生活。农村年轻劳动者趋于城市就业，无暇顾及民族活动以致祭祀仪式缺乏组织者和领导者。此外，教育普及和科学知识的传授使多数人思维观念转变，不以神灵信仰作为精神依托，由此传统祭祀仪式地位发生变化。总之，新的生计方式的产生促使民族的经济结构和民族文化呈现出多元化的发展趋势。

二、生计改善对民族生态文化的作用

民族生态文化表述为"在生计活动和信仰体系中民族社区居民所蕴含的生态管理经验和对自然的认知方式"。[①] 生计方式中所蕴含的生态智慧具体表现在生态保护的价值观念和行为模式，是对本民族生态文化的积极响应，因而具有生态学意义。下面通过对农业系统和生态旅游生计方式的描述，剖析其中所体现的生态文明，以期探寻生计改善与生态保护的

① 叶文、薛熙明：《生态文明：民族社区生态文化与生态旅游》，中国社会科学出版社 2013 年版，第 29 页。

平衡。

（一）侗族"稻鱼鸭共生"农业系统的生态价值

侗族人民在水土资源稀缺的环境制约下，创造出"稻鱼鸭共生"的复合系统使得稻田、鱼塘以及河流三者兼容并存，从整体上拓宽了农民获取农业资源的渠道，增强抵御自然风险的能力。由于稻鱼鸭属三种不同的生物属性，因此在同一环境内让三者相生而不相克便成为一种生计艺术。首先，在农业管理时间上，侗族人民根据水稻、鱼和鸭禽的生长特性进行人为干预，即在插秧后的第二周将专门驯化好的鲤鱼苗放养入稻田中，过半个月后再将雏鸭置于稻田生长。鸭群的放养时间间隔为一年三次，主要选择春季、夏季和秋季时节。其次，在生物生长空间上，种植传统糯稻高秆水稻的叶子较少、抗风抗倒伏能力强，从而能够为鱼和鸭获取光照和释放氧气，并提供充足的栖息地；水面浮游植物和水草又为鱼鸭提供养料；田底的鱼鸭排泄物分解为有机肥料滋养土壤，反过来为水稻以及泥鳅、螺等生长给予养分，可见一片稻田中可容纳多种动植物物种。此外，稻田作为"微型蓄水库"有效储存大气降水和进行水质净化，浮游植物以及挺水植物的根茎能够稳固土层，具备水土资源保护作用。总体而言，稻鱼鸭共生的立体农作系统作为侗族人民的生计之道，利用稻田种群效应有效提高当地农业产出并增加经济效益，更重要的是充分体现保护生物多样性的民族生态文化特征。

（二）民族生态旅游与生态文化建设

随着社会的进步和人民精神需求的增长，生态旅游作为一种以自然资源为依托的新兴生计方式，始终秉持人与自然和谐共生的理念。因此，在生态旅游建设中，生态文化与生态环境形成良性循环效应。生态文化是发展生态旅游的重要思想内核，生态旅游的建设能够吸引各地游客切身体会人地和谐关系，视为情境教育的重要途径；人们依靠当地得天独厚的自然环境，挖掘可再生性生态资源，开发形成别具一格的生态旅游景观；现代自然保护的生态文化不断弘扬，有助于加强生态环境建设，从而构建出基于生态旅游生计方式的可持续循环经济模式。[①]

　　"十八大"报告将生态文明建设纳入"五位一体"总体布局，与政治、经济、文化和社会建设齐头并进。民族地区在脱贫攻坚和生态文明建设双重目标下，发展特色生态旅游业成为保护性开发民族资源的新型方式。当前我国西部民族地区遵循"内生式发展"路径，即"培育和挖掘自我发展能力，在生态保护和文化建设的基础上发展经济"。[②] 生态旅游扶贫作为"生态""旅游""扶贫"三位一体的融合创新模式，如西江千户苗寨民俗文化、桂林龙胜梯田生态景观等不仅为民族地区带来经济增长点，还有助于增进民族文化保护自觉。例如，广西金秀瑶族自治县利用生态资源量身打造旅游项目，推进"百里瑶寨风情画廊"和"休闲农庄"旅游项目建设，从而有效带动贫困村民增收脱贫。[③] 旅游产业的收益回报进一步增进民族文化自信和自豪感，在社区营造生态文化建设的良好氛围。民族生态旅游基于自然资源和特色民俗文化的创造性运用，建设更高层次的生态文化保护机制，从根本上实现经济建设与民族生态文化的有机结合，可持续脱贫成效显著。

　　综上分析，在民族社会建设进程中，需激发民族个体、社会组织、民族生境与民族文化在内等各项动力，视不同情境构建出各要素间的动态协调关系，并促使政府、非政府组织和民众三类行动主体互动和聚合，从而能够在动力架构之中灵活选择和变换，由此为民族地区可持续脱贫构建系统的逻辑关系。

---

　　① 周鸿、吕汇惠：《乡村旅游地生态文化传统与生态环境建设的互动效应——以云南石林县彝族阿着底村为例》，《生态学杂志》2006 年第 9 期。
　　② 肖青：《西南少数民族地区村寨生态文明建设研究》，科学出版社 2014 年版，第 180 页。
　　③ 石长毅：《广西金秀县大力发展"生态+"扶贫产业 编织"绿色增收网"》，国务院扶贫办，2018 年 8 月 31 日 http：//www.cpad.gov.cn/art/2018/8/31/art_ 5_ 88472. html。

第八章 内源主导和外源
推动下的内外协同发展

外源式发展，强调外部要素对经济发展的拉动和推动；而内源式发展则主张通过内部动力驱动经济的发展。随着我国精准扶贫进入攻坚克难深水区，亟须探索出一套可持续的扶贫发展模式，实施可持续模式前提在于扶贫现状的认知。对于贫困地区和贫困人口而言，内部发展动力不足，是致贫的根本原因[①]。因而需要激发其内在发展动力和活力，通过内源式发展，实现脱贫减贫。然而，在一定历史时期，对于贫困地区和贫困人口而言，由于缺乏基础性和必要性的经济发展要素条件和活力，通过多种途径和方式给予物质性的帮助，助推其在短时间内实现外源式发展，是必不可少的。扶贫工作经历了从传统的救济式扶贫、开发式扶贫到参与式扶贫的过程。新时期的扶贫工作，必然是在消除绝对贫困的基础上，注重重建和提升贫困人口的生存和发展能力，激发贫困地区和贫困人口内生动力，倡导以自力更生为主，外部力量帮扶为辅的内源式扶贫。即内源主导，外源推动下的内外协同发展的一条具有中国特色的减贫道路，坚持激励性机制下外源推动，坚持可持续脱贫能力提升下的内源发展。

第一节 外源式扶贫

长期以来，中国开展的救济式扶贫和开发式扶贫，都属于外源式扶贫，即主要依赖外部条件，由外部力量，包括政府开发支持或外来企业援助来推动贫困地区的发展。中西方学者认为外源式扶贫有先天局限性，易

---

① 赵强社：《扶贫模式演进与新时期扶贫对策分析》，《西部学刊》2013 年第 2 期。

诱发贫困地区或贫困人口对外界的过度依赖，忽视自身能力培育。尽管外源式扶贫有一定的局限性，但却为内源式扶贫奠定了基础。一方面，马斯洛的需求层次理论告诉我们，人的需求有高低之分，只有低层次需要得到满足，才会发生高层次的尊重和自我实现的需要。对于贫困地区来说，物质的需要是最基本的，针对贫困地区在物质与技术层面的匮乏，外源式扶贫可以快速弥补，是解决贫困地区基础问题最为便捷和高效的方法。在贫困地区和贫困人口内生发展动力不足的情况下，内源扶贫中的外部支持和拉动显得尤为重要；另一方面，在参与式扶贫实践中，外源式扶贫和内源式扶贫往往会同时展开，即为贫困人口提供外源式的发展资源和机会，也为其提高自主脱贫能力提供了可行路径，通过内因、外因交互作用，推动贫困户减贫脱贫。贫困地区发展落后，物质匮乏，发展缺乏必要的基础要素。精准扶贫本身就是一个贫困治理的政策性指导思想，作为前期关键内容的外源式扶贫，强调对贫困地区和贫困人口进行必要的物质帮助和政策支持。除此之外，经过不断的实施探索，脱贫实践战的经验告诉我们，推动贫困地区人口实现脱贫的深层次外在帮扶在于核心价值观植入和思维模式改造。

一、社会政策支持

社会政策是一种福利支持，是缓解贫困的主要手段①。贫困人口作为弱势群体，自然需要外部援助。在区域层面的内源扶贫机制主要是以政策倾斜为主要内容的贫困县（扶贫开发工作重点县）和连片特困地区区域发展政策体系②。为了实现社会公平与平等，倾斜式的社会政策支持对贫困人口有深远的现实意义。

目前，多层次、综合性的外源式扶贫体系已形成。包括旨在提升贫困

---

① 林曾、梅红：《扶贫对象主体性与组织化》，湖南人民出版社 2018 年版，第 123 页。
② 黄承伟、覃志敏：《我国内源式扶贫：理论基础与实施机制》，《中国农村研究》2015 年第 1 期。

地区人力资本的教育、健康、社会保障兜底"三位一体"政策体系；针对扶贫开发工作重点县贫困人口生计资本不足的问题，建立中央和地方（生计）两级资金政策扶持体系以及推动贫困地区经济发展的产业扶贫、生态扶贫、消费扶贫的政策，大力提升农技服务水平（普惠政策）、加强分类指导与服务、提高贫困地区消费水平等政策体系。

通过政策支持保障贫困地区和贫困人口基本的发展权利和发展机会。一是，以政策为保障做好产业扶贫。建立从中央到地方统一规划和协作的发展机制。根据不同地区资源优势和特色，将贫困地区各片区的产业发展进行划区，依托资源优势和现有产业基础，发展现代产业。同时，通过税收减免等政策鼓励东部发达地区企业到贫困地区投资建厂，特别是能够实现三产融合发展的产业和企业，帮助贫困地区传统农业、手工业等产业向现代化产业转型。改善投资环境，厘清贫困地区土地等生产要素的产权问题，通过特殊政策鼓励各类社会投资主体以不同的方式参与贫困地区投资。二是，通过政策倾斜推动贫困地区公共基础资源均等化。公共基础设施是贫困地区脱贫的基础和必备条件。地区的建设和发展离不开基础设施的助推。沿海发达地区经济建设的成功告诉我们，大规模基础设施建设是经济快速发展的基础。然而，由于过去基础薄弱和历史问题，贫困地区基础设施的某些瓶颈制约因素仍未消除。在新的起点上推进新跨越，加强基础设施建设显得更加紧迫。在公共交通、信息化等硬件设施建设方面，贫困地区加大财政投入，加快公路、铁路等交通运输网建设，贯通贫困地区，链接内外；扩大电信宽带、移动通信的覆盖面，实现网路村村通、户户通，减少因信息闭塞的落伍者。在教育方面，充分保证贫困地区人口受均等的规范教育的机会，加大教育扶贫力度，特别是要对贫困地区培养和输送更多的高素质教育人才；同时发展职业教育和职业培训，将闲置农村农业人口向非农就业转移。在医疗卫生保障方面，通过社会保障政策进行兜底，特别是在医保、新农合方面给予更多的政策支持。而在环境改善、生态保护方面，保护生态多样性和物种多样性，大力发展绿色经济，生态扶贫，依托科学技术，将绿色生态资源转化为绿色生态产品，实现生态财富。三是，脱贫可持续化人才体系的建立。邓小平有言："科学技术是第一生产力"，而把握科学技术的正是人。人才是支撑产业发展的关键因素，构建贫困地区可持续的现代化产业体系，实现产业促脱贫必须要有大量的人才作为支撑。通过前期的努力，在贫困地区建立起来的产业已经初具规模，但无论是义务帮扶的专家骨干，还是政策引导下的"三支一扶"、大学生村官、企业帮扶等体系人才，都不可能永远留在贫困地区实施脱贫帮扶。为防止出现"人走楼塌"局面的出现，关键是构建可持续的脱贫人才体系。国家在这一方面是具有先进性的。一是建立起了前赴后继的驻村干部扶贫力量陆续投入脱贫事业的体系，健全东西部扶贫协作机制。二是健全社会力量参与机制。鼓励政府机关、企事业单位、个人下乡，自愿包村包户，做到贫困户都有党员干部或爱心人士结对帮扶。三是培养贫困户发展技能。对有利于农村发展和助力脱贫的带头人、有劳动能力且文化技能基础相对较好的贫困人口，国家、政府通过经营优良环境创造、政策优惠、技术培训等措施，进行分类教育、培训和扶持，开展创业培训和实操技能，大力培训农村实用人才。通过政策激励和科学引导，鼓励在城务工、有能力、有梦想的农民工返乡创业，积极投身于乡村振兴和扶贫事业，为农村产业发展和农村社会治理注入新的活力。

精准扶贫政策实施以来，从经济层面的产业扶贫的保障，公共领域的资源均等化，到可持续扶贫脱贫人才体系的建立，这些外在的社会政策的支持，都为贫困地区输送了大量的人、财、物。可以说，这是这一系列的外源式扶贫，为消除贫困、改善民生、逐步实现共同富裕奠定了基础，更为返贫、脱贫动力不足等问题奠定了良好的解决基础。

二、"以人为本"核心价值观植入

"以人为本"是指以人的价值为核心和社会本位，把人的生存和发展作为最高价值目标，一切为了人，一切服务于人，一切要有益于促进人的全面发展①。以人为本就是要把人当作主体、本质和目的②。以人为本有三个层次的内涵：首先，它是一种对人在社会历史发展中的主体作用与目的地位的肯定。其次，就当前中国来讲，它是一种立足于解放人、为了人并实现人的现代化的价值取向。即在人与自然的关系上，就是提高人的生活质量；在人与社会的关系上，就是促进人的全面发展，尊重人性发展的要求，使发展成果惠及全体人民；在人与人的关系上，就是强调公正，关注弱势群体；在人与自身的关系上，就是尊重人的合法权利，尊重人的能力差异，尊重人的个性，尊重人的独立人格，不断满足人的基本需求。最后，它是一种思维方式，它要求我们在分析、思考和解决一切问题时，要确立起人（或人性化）的尺度，实行人性化服务。

实现精准扶贫，其实就是实现贫困的人脱贫。人作为脱贫攻坚的关键要素，既是贫困形成的内因，也是脱贫攻坚的"助推器"。在新时期，以人为本作为农村扶贫政策的核心价值取向，要发挥其最大效用，关键有三个内容。一是要以人为本，分析贫困成因，开对脱贫"药方子"。外源式扶贫如果只是提倡一味奉献、"仙女散花"式地给予，不仅不能"对症下药"，实现精准，更严重的，是带来"病入膏肓"，使整个扶贫工作陷入混乱、崩塌的局面。为此，外源式扶贫要真正贯彻以人为本的思想价值观，首先需要瞄准扶贫对象，科学分析，认真研究，找准致贫"病根"，进而"对症下药"，对于顽固"病根"加大支持力度，切实提高扶贫开发工作的针对性和有效性。二是在以人为本的实施过程中实现公平。社会再分配过程中，会更加注重公平。对于贫困地区的社会再分配，同样需要注重公平。人都具有"趋利"的属性，对于农村地区的农民来说，通过外源式扶贫，获得免费的资源，享受优惠的政策，是极具吸引力的，所以有些农民会隐藏财富，拒绝脱贫，霸占扶贫资源。加上目前的技术与工作方式的局限，扶贫户精准定位仍然存在不精准的缺陷，导致了扶贫资源流向了非贫困户，部分贫困户没有资源等。为此，这要求外源式扶贫在实施过

---

① 林曾、梅红：《扶贫对象主体性与组织化》，湖南人民出版社 2018 年版，第 128 页。
② 韩庆祥：《"以人为本"的科学内涵及其理性实践》，《河北学刊》2004 年第 3 期。

程中要有效瞄准。何谓有效瞄准，按照亚洲开发银行研究所的概念，贫困瞄准就是运用政策工具将扶贫资源传递到认定的贫困线以下人群。简单来说就是将扶贫资源精准地分配给贫困户。三是满足需求与愿望，成果共享。以人为本，最后呈现的形式是实现扶贫成果的共享，就是要在农村扶贫政策的制定、实施、评价和调整等所有环节都将人作为核心，所制定出的农村扶贫政策应当关注贫困人口的需求和愿望，尊重其合法权益，保护他们的正当利益，实现其权利和社会地位的平等，促进农民群众自由、全面的发展，推动其社会价值的实现，使他们能够真正分享到由经济和社会发展带来的成果。

将以人为本作为农村扶贫政策的核心价值取向，这对于加快农村落后地区的贫困问题，将农村扶贫开发工作进一步推向深入有着非常重要的意义。由于农村贫困地区经济、社会、文化的落后以及教育条件的限制，贫困人口缺乏参与社会、经济、政治的能力，其生存和发展权不能得到有效的保障。长期生活在贫困中的农民群众，由于自身条件的限制，缺乏改善自身地位和处境的有效途径，另外，偏僻、落后地区的固定的生活方式、行为规范以及价值理念也使他们缺乏自我发展意识，从而使他们发展目标低下，容易安于现状，脱贫致富积极性、主动性也比较低。这些都导致农村贫困地区贫困群体的自我发展能力不强，从而在根本上很大程度限制他们尽快摆脱扶贫对象身份、脱贫致富。将以人为本作为农村扶贫政策的核心价值取向，在今后的扶贫开发中就会把实现和维护贫困群体的基本权利、增进贫困群体的发展能力作为工作的重点。在制定和实施农村扶贫政策过程中坚持以人为本的价值取向就会更加关注农村贫困人口的全面发展，而不再是单纯地解决贫困人口温饱问题作为扶贫的目标，更加关注贫困地区和贫困人口的全面发展，不再简单地输血，更注重激发贫困地区和贫困人口的造血功能，通过大力支持农村贫困落后地区教育的发展、加大对农村劳动力的培训，努力提高农村贫困人口的综合素质，使他们的自我发展能力得到不断增强，从而根本上提高农村贫苦人口的生存和发展能力，保证农村贫困群体能够尽早摆脱贫困穷苦的生活。坚持以人为本的价值取向，就会注重改变传统的扶贫开发模式，采取内源式扶贫模式，以不断努力提高农村贫困人口可持续脱贫能力，从而不断努力将农村扶贫开发工作推向深入。

三、思维模式改造

外源式扶贫不仅体现在对贫困地区和贫困人口的直接物质帮扶和政策支持，更体现在对贫困人口的脱贫内生动力提升的帮扶上。贫困地区和贫困人口思想观念相对落后，思维模式较为定式，要实现其内源式扶贫转变，必须经过外部力量的推动。心理学也告诉我们，思维决定着人们的言行。外源式帮助所起到的效用，如果更多体现在物质的改善上，那么要想真正实现脱贫，重要的思路之一是衡量外源式扶贫对于贫困思维的改造上。因为外因作为重要因素，影响着内因的发展。现行条件下，扶贫不再是面上的工作，更是战略上实现中华民族伟大复兴的重要评判标准。如果外源式扶贫不能转变外在的扶贫思维，贫困户或者贫困人口就难以转变内在的依赖思维，扶贫工作就难见成效。

首先，对于外源式扶贫思维模式的改造，从精准扶贫开始，即扶贫工作思维模式从"大雨灌溉"式扶贫，转变为立足精准，实施"滴灌式"扶贫。目前常用的方法是通过精准筛选建档立卡贫困人口、精准选择帮扶客户和项目、精准对接贫困人口信贷需求、精准确定帮扶措施、精准使用扶贫资金的原则等措施，层层压实责任、精准全力向脱贫方向推进。其次是扶贫模式思维的转变，即从"输血式"模式转变为"造血式"模式。当前，我国脱贫的长效机制难以形成，传统的"输血式"扶贫模式面临挑战，扶贫模式存在诸多问题：一是扶贫产业经营困难。随着扶贫产业优惠补贴力度与扶持力度的不断加大，扶贫产业规模不断扩大，面临着供过于求、收购价格持续走低，加上销售渠道单一、交通闭塞、运输成本高等，导致前几年的致富项目，如今成了亏本买卖；二是自然灾害的频发。农村的种植业在农民增收中处于重要地位，但随着环境不断恶化，农村种植产业存在的自然灾害隐忧加大，台风、干旱、水涝、霜冻、虫害等自然灾害，会使得农产品收成极不稳定，甚至毁于一旦；再次信息不对称的市场竞争不断加大。农民生产具有滞后性，加上农民对于生产—销售的预测往往具有主观性，什么卖的价钱高，来年大家都集中在某个农产品上，进而导致农产品的供过于求，价格急剧下滑，出现"旺销—扩种—难销"的怪圈，损伤农民积极性。为避免"输血式"扶贫带来的挑战，需要"造血式"扶贫来解决，即通过扶贫能够让农民自己有能力扩大再生产的方式。主要在于做好扶贫产业销路联通、种植技术的宣传与培训，增强种植业自然灾害抵御能力、利用市场专家降低扶贫产业市场信息的不对称性，增加市场信息的透明度，正确引导生产。最后是扶贫载体的转变，主要在于树立互联网精准扶贫思维，利用"互联网+"扶贫模式。目前我们处于互联网时代，科学技术的发展为我们的扶贫方式提供了多样的载体渠道，"互联网+精准扶贫"成为贫困地区发展赶超的重要抓手。精准扶贫之所以进入深水区，主要在于扶贫缺乏精准技术。外源式扶贫，经历了前期的大输血，在现阶段的中心更应该将资源分配给真正的贫苦者，这就不能仅仅凭借扶贫工作者每家每户再走一遍，关键在于如何将零散的、机械的、毫无生机的扶贫信息串起来，形成动态密网。通过互联网技术，实现精准扶贫工作流程的"互联网+"，连接工作收入、教育、医疗等数据，通过对贫困户和贫困村的精准识别，实现精准帮扶、精准管理和精准考核，引导扶贫资源优化配置，构建起长效的扶贫工作机制。

第二节　内源式扶贫

与外源式扶贫的外在推动相对应，内源式扶贫是指贫困地区要实现自身发展，依靠的是内生动力，是一种旨在提高贫困地区和贫困人口自身减贫脱贫能力的扶贫理念和手段[①]，通过贫困地区、贫困人口的内生发展动

---

① 黄承伟、覃志敏：《我国内源式扶贫：理论基础与实施机制》，《中国农村研究》2015年第1期。

力和自我发展能力来实现本地经济发展和扶贫对象脱贫目标。贫困地区和扶贫对象具有内生发展的动力，以实现发展的可持续性是扶贫开发目标实现的主要标志。其主要特征在于强调发展的内生性，在内部或从内部产生，强调思考和创造的内部努力。除此之外，强调以人为中心，强调贫困地区和贫困人口内生发展动力的形成和发展。即强调贫困人口自身减贫独立性，减少对外力帮扶的依赖性；强调减贫脱贫的自主性，由被动脱贫到主动脱贫的转变；强调贫困人口减贫脱贫参与性，发挥贫困人口主体价值性。这与外源式扶贫一脉相承，但也有不同。外源式扶贫强调外部力量针对贫苦户或者贫困地区的行为秉承以人为本，内源式扶贫强调贫困群众的内在动力激发。因而，内源式扶贫注重的是一种自发、自主、自觉行动的发展①，是一种内生的发展。

内源式扶贫思想是实施"乡村振兴"战略与推进脱贫攻坚工程的重要引擎，与习近平总书记提出的"扶贫先扶志、扶贫必扶智""精神扶贫""扶贫既要富口袋，也要富脑袋"等系列内生脱贫动力观点相适应。内源式扶贫包括两方面，其中，个人层面上主要包括劳动技能培训、小额信贷扶贫、干部驻村帮扶等；社区层面的内源式扶贫主要包括参与式扶贫、资产收益扶贫、贫困村互助资金、社区主导型发展、基层组织建设等方面②。从这些帮扶的内容来看，无论何种层面的内源式扶贫都旨在提高贫困人口减贫脱贫的能力，体现脱贫主体减贫的独立性与自主性、参与性、价值性。

一、减贫的自我认知与发现：独立性与自主性

社会心理学对于自我认知的概念界定为：对自己的洞察和理解，包括自我观察和自我评价。将自我认知理论应用于贫困群体，具有适应性。对

---

① 王秀峰等：《"四在农家"引导内源发展 铸就社会主义新型农民——以贵州省余庆县为例》，《山地农业生物学报》2007 年第 6 期。

② 向德平：《减贫目标与减贫手段》，湖南人民出版社 2018 年版，第 204—210 页。

于贫困群体，更应当积极发挥自身的主观能动作用，从人力资本、政治资本以及工作选择和工作方式等方面来扩展自身的可行能力，从而在根本上实现减贫、脱贫。

不可否认，贫困地区和贫困人口的发展离不开外界的帮扶和政策支持，但是要实现贫困人口脱贫减贫，还是得依靠贫困人口主体本身。在内源式扶贫中，独立性强调的是减贫脱贫过程中尽量减少对外界帮扶的依赖性，自主性强调的是自力更生，主动脱贫。贫困人口脱贫的独立性和自主性培养是形成内生动力的前提，自主脱贫才能不返贫。

首先，作为脱贫主体，贫困人口内生意识和自主能力是其长效脱贫的关键，而贫困意识则是实现自主脱贫行为的基础[1]。贫困人口的贫困自我认知和发现本质上是一种风险感知[2]。当贫困主体感受到来自外部风险，出现消极、不满等表现，通过有效情感介入和扶贫政策的正确引导，能够有效提升其脱贫的独立性和自主性。例如通过客观的贫困指标度量并在各个贫困村或社区进行公示及引导，让更多个体能够意识到自身贫困情况；通过非贫困者与贫困者在教育、医疗、生活等方面的对比分析，在揭示差距存在原因的同时，积极鼓励贫困群众树立信心，灌输在党的精准扶贫方针带领下，在扶贫干部与社会各界力量的帮扶下，最重要的是，在自身的积极努力下，更好地缩短差距，并有可能实现超越。如此一来，一方面有助于贫困识别，另一方面也有利于增强贫困感知后的脱贫行为实施。

其次，贫困主体需要培育自主脱贫意识，贫困人口要清楚地意识到实现脱贫致富只能依靠自我。社会发展成果人人共享，贫困群体有权利享受社会发展的成果。但应意识到贫困外在帮扶不是无限的，倡导和鼓励自力更生、艰苦奋斗才是根本。作为内源式扶贫的重要方式，参与式扶贫通过建立起重视农户意愿、利益和需求的自下而上的参与决策机制，在扶贫项目的决策、实施和监督过程中都需要贫困人口不同程度的参与，发挥主体

---

[1]　向运华、刘欢：《内生贫困意识对自主脱贫行为的影响——家庭资产组合下的交互效应与调节效应检验》，《吉林大学社会科学学报》2018年第58期。

[2]　Sitkin S, *Pablo A. Reconceptualizing the determinants of risk behavior.* Academy of Management Review, 1992, 17（1）: 9~38.

的作用；资产收益扶贫和贫困村互助资金扶贫也都要求贫困地区和贫困人口充分利用市场化运作和经营，开展生产性项目，自我管理、自主合作和民主监督，为贫困人口提供了一条自我教育和自主整合的路径，培育贫困人口自主脱贫的意识，进而激发贫困地区和贫困人口独立、自我脱贫的内生动力；此外，贫困社区主导扶贫和农村基层组织建设，其理念核心也是在于将脱贫的主导权交由社区和基层组织，通过社区和组织来增强贫困人口自主脱贫和发展意识。对于精准扶贫、危旧房改造、农房四改等各项政策，扶贫干部不能用文绉绉的话语解读，更不能只讲大道理，可用"田埂"、接地气的语言，通过举例子、讲故事的方式，给贫困农户讲解，有效激发贫困群众自主脱贫的内生动力。

最后，贫困人口要有责任意识，树立正确责任意识是长期有效脱贫的重要支撑。贫困个体责任意识对于其脱贫行为的有效实施和发展能力提升有着较大的促进作用，是其内源动力的重要部分①。在强调政府、对口帮扶机构、企事业单位和帮扶人员的责任意识的同时，更要强调贫困人口的自我脱贫责任意识。外界帮扶不是无限期帮扶，社会政策和物质支持本质上是一种公共福利，为贫困者提供社会公共福利是保证其最低生活保障和基本的发展权利，但贫困人口没有脱贫的责任意识，无限期占用和依赖国家公共财政和资源，则会增加社会的负担。相反，通过社会参与培养公民的社会责任担当，致力于培育有竞争力且负责任的公民，则能够激发其自主脱贫的责任意识和动力。

二、减贫的自我调节与改造：参与性

贫困地区及贫困人口之所以贫困，除了自然条件及政策倾向的影响外，自身参与脱贫实践是影响脱贫能否实现的关键之一。有些贫困地区仍然存在一些村镇干部对扶贫政策不理解或者理解不准确、政策宣传不到位

---

① 檀学文、李静：《习近平精准扶贫思想的实践深化研究》，《中国农村经济》2017 年第 9 期。

等，导致贫困群众对脱贫政策一知半解，甚至由于文化程度低存在误解与顾虑。加上现在的扶贫过程、扶贫透明度不足，实际上，很多贫困群众并没有真正参与到精准扶贫中来，更有些贫困群众是"被"村干部要求参与，自身的参与性几乎为零，从而导致贫困群众思想意识上没能真正参与到国家的精准扶贫中来。

思想观念是影响经济增长和经济发展的可能精神力量[①]，独立自主脱贫意识要转化为推动经济增长和经济发展的现实影响力量，必须经过贫困主体实践参与活动的途径。如果说贫困问题的实质是社会参与的失败[②]，那么减贫脱贫的根本在于贫困群体的实践参与。贫困语境下的参与意味着社会成员通过赋权，得以以社交性、团体性、代表性等方式，参与到扶贫项目决策、实施和监督过程中去[③]，从而形成或提高贫困人口自主脱贫、自我发展能力，从根本上解决贫困问题。

贫困人口参与是贫困地区和贫困人口内生发展能力形成的一个前提。内源式扶贫根本在于贫困人口内生发展能力，而内生发展能力的形成必须通过参与贫困治理的过程中学习并提高。贫困地区和贫困人口长期依赖国家不计成本、无条件的政策支持和物质帮助，这种发展是不可持续的，很难从根本上实现脱贫减贫。贫困地区和贫困人口的发展最终还是要依靠自我本身，也就是充分发挥其主体性作用。通过参与扶贫项目，获得政策上的支持和物质上的帮助，同时在参与实践中调节和改造自我，获得各类发展的机会和能力。

贫困人口实践参与是贫困人口内生发展动力提升的根本。贫困人口内生发展能力是涉及经济、政治、文化和社会等层面的复合型内生发展能力系统，具体表现为贫困农民在生产发展、政治参与、知识积累和社交拓展

---

① 秦其文：《农民落后思想观念致其家庭贫困的路径分析》，《湖南农业大学学报》（社会科学版）2007 年第 5 期。

② 王一：《后 2020 "参与式"反贫困路径探索》，《社会科学战线》2019 年第 5 期。

③ Li Xing jiang. *Participation Mode of Poverty Alleviation*. Operating Mechanism and Performance Evaluation. Research and Development. 2008（2）.

等方面的综合性能力①。当前我国农村贫困人口的内生发展能力较低，集中表现在体能能力、认知能力、劳动与就业创业能力和政治参与能力②等方面，这表明在以往的扶贫开发工作中贫困人口实践参与能力培育可能被长期忽视。有学者指出在精准扶贫实施以前，经济外溢效应下的"开发式扶贫"忽视贫困主体性作用，长期制约贫困主体社会参与性，是导致贫困人口收入低下和发展能力欠缺的根本原因③。所以，有必要从外源推动和内源发展的辩证关系角度重新审视贫困人口内生发展能力的提升，重视通过参与提升可持续发展能力④。外源性的观点认为能力提升是掌握一项技能的过程，内生发展能力的提升，存在一种普遍的工具理性。而内源发展则主张以人民参与为原动力⑤，广泛的社会动员与参与，让人们在发展中学习，形成创造力和各种发展能力，实现建设目标。"参与"既是一种理性工具，也是发展的目标。大众参与既是发展的重要条件，也是发展的目标，扶贫对象通过市场参与、政治参与、社会参与、文化参与和生态参与等，最终提升内生发展动力，实现脱贫致富。

如何提高贫困群众的脱贫参与性，关键在于两个主体、三个层面。两个主体指的是外源式的帮扶主体与内源式的贫困群体。通过外源式的帮扶主体提供教育宣传、进村入户来解疑答惑、教育扶贫、思想扶贫、技术扶贫等，让内源式的贫困主体思想上"拨开云雾见晴天"，脱贫大道上勇往直前，增强贫困群众的"自我造血"能力，提高自主致富的信心。三个层面主要是国家层面利用"互联网＋"技术，建立全方位的"互联网＋"扶贫体系，从技术层面增大扶贫的透明度与可见度，降低扶贫的盲区，普及扶贫政策；社会层面形成帮扶与监督网，发挥"一方有难，八方支援"

---

① 郭劲光、俎邵静：《参与式模式下贫困农民内生发展能力培育研究》，《华侨大学学报》（哲学社会科学版）2018 年第 4 期。

② 王湘琳：《农民发展能力：农村发展的内源动力》，《广西大学学报》（哲学社会科学版）2010 年第 32 期。

③ 王一：《后 2020"参与式"反贫困路径探索》，《社会科学战线》2019 年第 5 期。

④ 张琦等：《扶贫机制创新的理论与实践》，湖南人民出版社 2018 年版，第 162 页。

⑤ 马丽佳、李茜：《基于内源式发展理念的产业兴旺策略研究——以山西省宁武县为例》，《中国经贸导刊（中）》2019 年第 4 期。

的优良传统美德，对于贫困群众的自主脱贫需求给予技术、指导等方面的帮助；并实施国家政策实施监督，对于存在的不合理扶贫现象敢于揭露，提高贫困群众的社会归属感，增强社会责任；个人层面是提高贫困群众责任意识，通过宣传教育、一对一帮扶等，宣传我脱贫我自豪的先进思想，帮助贫困群众摒除"我落后，国家就要帮我""免费的钱不要白不要"等落后思想，让贫困群众认识到自身的脱贫可为实现中华民族伟大复兴贡献一分力量，提高其自豪感。

三、减贫的自我提升与发展：价值性

忽略扶贫对象主体地位，忽视其内生发展能力是导致扶贫成效不显著的重要原因[①]。有学者指出以外部力量推动发展的"外源式扶贫"的局限性在于贫困人口的主动性和创造性未能得到全面激发，扶贫资源未能得到有效利用[②]。贫困人口的脆弱性未得到根本改变，对外界帮扶形成路径依赖，难以凸显贫困人口在减贫脱贫中的价值性。

外源性发展侧重外界力量对地方社会的干预与介入，凸显发达地区经济发展的正外部性作用。而内源发展强调发展必须通过"人"的自我本身来实现发展，所有与实现发展有关的方式、方法和技术等因素都必须聚焦到"人"的身上，坚持以人为中心。因而，对于内源式扶贫的理解，其要点在于回归到贫困人口主体本身，强调贫困人口的自我提升和发展对减贫脱贫的价值性。而价值性体现在两个方面：一是贫困人口积极投身脱贫项目，让国家扶贫政策发挥应有的作用。劳动人民是历史的创造者，是社会财富的创造者。对美好生活的追求是全体人民的共同目标，只有贫困群众一起为之努力奋斗，有限且来之不易的资金、项目投入才能被高效转化为脱贫效益。如果缺少了贫困群众追求美好生活的动力，即使投入再多

---

① 郭劲光、俎邵静：《参与式模式下贫困农民内生发展能力培育研究》，《华侨大学学报》（哲学社会科学版）2018 年第 4 期。

② 向德平：《减贫目标与减贫手段》，湖南人民出版社 2018 年版，第 202 页。

资金和增加再多项目也很难提高脱贫成效。二是从脱贫氛围、精神风貌和道德文明等非经济效应来看,贫困群众在脱贫的自我提升和发展道路中,不断进取、艰苦奋斗的精神最终凝结于贫困群众自身,形成一种无形的生产和发展要素,它既是一个动态的过程,也是动态的结果,它的质量和水平等都会对贫困地区和贫困人口的发展产生一定的驱动作用。尤其是在进入乡村振兴时代后,这种精神动力的驱动效应日益呈现出一种核心竞争力的态势。内生动力作为一种具有内在生长功能和内在价值追求的发展性要素,不仅在经济、社会等环境中发挥着重大作用,在非经济领域中更是发挥着无可估量的效应。在当下脱贫攻坚及今后乡村振兴当中,如果很好地把握内生动力对贫困地区和贫困人口的积极作用客观规律,实现内生动力的增值效应,就能在乡村治理中实现跨越式发展,有效地提高脱贫质量和振兴乡村。村民是农村的主人,农村的脱贫和振兴有赖于村民来实现。

对于脱贫项目经济效应的实现,从资源与人的因素考虑,首先需要因地制宜,充分利用乡村资源。脱贫村的精准扶贫和乡村振兴要改变完全依靠外部项目输入的外源式扶贫方式,立足独具特色的乡村文化资源,精准开展特色产业扶贫,促进产业兴旺,将"青山绿水蓝天"变成"金山银山",重建美丽宜居的幸福乡村。其次是多元主体协同合力。基于脱贫村的后发优势,激发村民们的文化自觉和内生动力,再造互助合作的村落共同体,充分整合政府、社会等多元主体协作,促进精准扶贫与乡村振兴的有机衔接。

对于非经济效应的实现,着重于精神文化的建设。《脱贫攻坚指导意见》指出,要开展扶贫扶志行动,正确处理外部帮扶和贫困群众自身努力的关系,强化脱贫光荣导向,更加注重培养贫困群众依靠自力更生实现脱贫致富的意识,更加注重提高贫困地区和贫困人口自我发展能力。实现贫困地区与贫困群众的精神文化建设,一是要促使农民形成符合时代发展的生态观、经济观,依靠农民自身的力量,发现地方文化的生态智慧、生态意义和生态价值,从当地人自身的文化中寻找环境问题的原因和解决问题的途径等,实现乡村生态的现代转型。二是动员和激发村民重新发现和合理重塑乡村文化价值。外源式扶贫改善了贫困地区农村的基础设施和生产生活条件，有效地帮助农民解决了温饱问题，但是由于忽视了基于乡村价值资源的充分综合利用以及村民主体性的发挥等，从而影响和制约了贫困地区农村的可持续发展，这就需要通过现代先进理念，结合利用优良民俗、传统等来重塑乡村精神文化，激发其对美好生活的动力。只有激发起贫困群众对美好生活追求的动力，并在巨大外在帮扶力量下，逐步提高自我创造和努力发展脱贫的能力，才能使贫困群众在不依赖外力帮扶下，仍能继续维持不低于贫困线的经济收入，甚至实现更高的收入水平，从而使脱贫工作保质保量。

因此，基于新形势下精准扶贫和乡村振兴面临的新机遇新挑战，要立足于脱贫村的多元性文化价值，充分发挥其后发优势。需要将内源发展与外部干预有机互动相互整合起来，激发脱贫村村民对美好生活的新需求和更高的发展欲望，培养村民们对于独特乡村文化价值的文化自信、文化自觉；需要传承和重塑包括勤劳节俭、诚实守信等乡风民俗、乡规民约等传统优秀乡村文化，通过村民们的广泛参与形成村落发展的内在精神动力；需要激发、培养和整合乡村精英和新乡贤的力量，充分发挥其示范和带动作用，通过村落共同体再造形成互助合作的机制；需要坚持以村民为主体，充分调动其积极性和创造性，发扬自力更生、艰苦奋斗、勤劳致富的精神，注重扶贫先扶智，增强贫困人口自我发展能力，激发内生动力，精准开展内发式扶贫与乡村振兴的有机衔接。

第三节　内源主导和外源推动下内外协同发展

随着脱贫攻坚的不断深化，人们逐渐更加辩证地看待内源式扶贫和外源式扶贫发展模式的关系。一些学者认为，贫困地区在诸如资源禀赋稀缺、生态环境脆弱、自然灾害多发等外部影响下追求社会经济自主性发展的观念可能只是一种理想，至少现在国家仍然是推动贫困地区脱贫攻坚的主要力量，贫困地区仍需要国家加大资源倾斜力度、创新外源帮扶机制①。但有学者也指出，政府主导、市场导向的外源式扶贫固然有其独特优势，但受限于政府机构的科层化、治理区域广、人员有限等因素，使得在外源式扶贫中难以形成推动贫困人口的自我发展能力②。这表明，将外源式扶贫和内源式扶贫两者割裂开来都很难实现可持续脱贫减贫。面对当前脱贫难度大、贫困程度深、外源帮扶效益递减和内源发展能力持续减弱等问题，必须发挥外源式扶贫和内源式扶贫共同的优势，将二者"内外融合"，在内源主导和外源推动下协同发展。

一、坚持激励性机制下外源推动

外源式扶贫的一大特点在于通过投入各类财政资金和各种人力物力，嫁接或移植先进地区的现代化发展模式，助推落后地区在较短时间内实现外源式发展。其减贫效应"短、平、快"，通过大量的物资投入就能消除绝对贫困，能够短期内快速解决区域性整体贫困的问题。这充分肯定了物质帮扶和政策支持对我国贫困人口脱贫的积极推动作用。

但深入分析外源式扶贫模式的缺陷可以发现，外源式扶贫的资源在自上而下的分配过程中存在分配不公和资源难以有效利用的情况。各类专项财政资金和人力物力投入很大，但减贫效应却在逐年下降。这是很明显的边际效用的不断递减，甚至消失走向反面的现象。

面对贫困人口新特点，直接式、普惠式的物质帮扶和政策支持已经难以助推贫困人口实现可持续脱贫，加之贫困人口对外源式帮扶形成路径依赖，都极大地降低了外源式扶贫的减贫效益。有学者指出，财政专项扶贫资金是政府各项扶贫政策有效运行的重要载体，财政专项扶贫资金减贫绩

---

① 万君、张琦：《"内外融合"：精准扶贫机制的发展转型与完善路径》，《南京农业大学学报》（社会科学版）2017年第17期。

② 覃志敏：《连片特困地区农村贫困治理转型：内源性扶贫——以滇西北波多罗村为例》，《中国农业大学学报》（社会科学版）2015年第32期。

效呈递减趋势，扶贫资金的效率比较低①，如果仍旧实行自上而下单向的资金和技术支持援助，缺乏有效的激励双方积极性的机制，则财政资金难以进行持续投入，扶贫工作成果难以巩固。

在这样的背景下，新时期外源式扶贫必须建立相应的激励机制。一是创新精准扶贫工作方法，因户施策，分类实施救助帮扶。精准帮扶要求在精准识别的基础上，针对贫困家庭的致贫原因，因户和因人制宜地采取有针对性的扶贫措施，消除致贫的关键因素和脱贫的关键障碍。张跃平等学者认为，激励制度安排是民族地区扶贫取得成效的关键②，针对有能力有效进行社会参与、社会分配的贫困人口，改变以往直接给物、给钱的扶贫方式，对于大力发展生产的贫困人口给予更多的物质帮助和政策支持，激励贫困人口发展生产，多劳多得，扩大和提高发展生产基金，减少消费性资金支出。针对因年迈、残疾、大病、意外灾害等无法有效进行社会再生产、社会分配的贫困人口，除了传统的帮扶救助之外，在政府或社会帮助下，将自有农村土地、资源、产权作股份参与市场化经营和运作，定期获取一定收益，有稳定的收入。

二是对直接的贫困救助设置差别性的受助门槛。面向全体贫困人口提供无差别无条件救助帮扶与国情不符，应尽早建立面向不同贫困群体差别性的救助制度。即根据贫困人口的劳动能力状况，划分不同类别，相应设置不同的受助门槛和受助标准。对于完全无劳动能力的贫困人口实行输血式救济，无条件地对他们进行金钱和物质帮助，且救助标准根据经济社会发展水平进行动态调整；对于有劳动能力的贫困人口，在提供无差别的帮扶救助时，要充分考察其是否进行最大劳动努力。在受助时间上设置最低退出时限或连续救助的最长期限，防止贫困救助成为无限期的福利待遇。

三是建立与落实扶贫激励机制。完善的激励机制既要考虑行为被施行

---

① 寇铁军、毕蕊：《财政专项扶贫资金减贫绩效的约束与提升》，《东北财经大学学报》2017 年第 6 期。

② 张跃平、周基农：《激励制度安排：民族地区扶贫取得成效的关键》，《中南民族学院学报》（人文社会科学版）2002 年第 5 期。

者，也要关注行为施行者。激励机制既要有对于贫困户的精准激励，也要建立针对扶贫干部积极作为的、对社会人士先富带动后富带动效应的奖励办法，充分激励调动扶贫干部脱贫攻坚的主动性和积极性，让社会上先富的人带动贫困群众，加快群众脱贫步伐，充分调动脱贫攻坚战所有人员的积极性，增强贫困户的获得感，提高扶贫主体的工作成就获得感。除此之外，还要落实激励机制，因为再好的规章制度没有落实只能沦为一张白纸，只有落实才能发挥作用，只有落实人民群众才能够享受政策福利，只有落实扶贫干部才能有所作为。这就要求我们的职能监管部门有所作为、加强作为、积极作为，严格按照激励机制监督落实，对于制度执行不力的有所处罚。同时要利用脱贫攻坚战中的所有规章制度，加强监管，做到执法必严、违法必究。

二、坚持可持续脱贫能力提升下内源发展

就摆脱贫困而言，精准扶贫不是简单的"救助式"和"输血式"扶贫，而是以可持续脱贫能力建设为基础，实现"内源式发展"的扶贫。贫困人口的脱贫正是基于能力提升，通过"内型"与"外塑"相结合促进其可持续脱贫能力提升的过程，同时，也是可持续脱贫能力提升下内源发展的过程。

（一）可持续脱贫能力提升是实现内源式发展的可行路径

传统的外源式扶贫通常是政府自上而下对贫困人口的救助，忽视了贫困人口的可持续脱贫能力建设和提升，使贫困人口对帮扶产生路径依赖，一旦失去帮扶，发展便不可持续。扶贫是一项长期事业，必须以实现内源发展为导向，对贫困人口进行可持续脱贫能力建设。有学者指出，贫困群体自身的能力培养和提升对于阻断返贫路径、提升减贫效果至为关键[1]。随着中国人口生活在极端贫困中的比重显著下降，相对贫困逐渐显现，能力与发展之间的矛盾更加凸显。一方面，能力不足导致脱贫难。另一方

---

① 张琦：《减贫战略方向与新型扶贫治理体系建构》，《改革》2016 年第 8 期。

面，能力不足导致脱贫后易返贫，后续发展困难。

从这个意义上来讲，贫困人口的可持续脱贫能力提升，就是内源发展能力的积累过程。这种发展能力不仅涵盖知识、技能等人力资本，也囊括了其所拥有的改善生活质量、促进自身发展的所有资源和力量。贫困人口的可持续脱贫能力提升除了知识、劳动技能培训外，还包括生活态度、价值观念、思维方式、行动逻辑等全面转型。坚持以可持续脱贫能力提升促进贫困人口脱贫减贫，是实现内源发展的可行路径。

脱贫奔小康就必须彻底甩掉"贫困的帽子"，必须注重精准扶贫的可持续性发展，这包括脱贫效果实现可持续、收入增加致富观念的可持续。对于脱贫效果的可持续，一是要重视教育行业的投入。精准教育行业扶贫要统筹各方力量，加大农村义务教育投入，把教育扶贫与乡村振兴战略结合起来，按照贫困程度分类管理、分级考核农村义务教师，并提供收入、生活保障，确保贫困地区留得住人。二是要主攻因病返贫致贫方向。对于贫困群体存在的收入低、医疗费用高的矛盾，需要加快医疗体制改革，健全农村医疗卫生服务体系，全面有效落实医保政策等，缓解看病难、看病远的问题。三是要动员社会力量广泛参与扶贫事业，鼓励支持各类企业、社会组织、个人参与脱贫攻坚，发挥资金、技术、市场、管理等优势，带动贫困群众实现"可持续"脱贫。

对于贫困主体收入增加的可持续，关键在于增收致富。一是要"量体裁衣"，因人而异、因户施策，"量身定制"个性化"精扶"措施，精准落实扶贫政策精准扶贫工作。二是做好脱贫整体规划。规划符合村情实际的扶贫开发路径，更要把每一个贫困户、贫困村的基本情况摸准摸透，系统分析贫困群众致贫的原因，制订出符合实际的脱贫措施，并抓好贫困个体的发展规划落实工作，确保扶贫工作具有针对性。三是要精细规划扶贫产业。各级各部门要在加大政策和财政扶持的同时，充分挖掘贫困地区和贫困户的内在发展潜力，大力推进产业扶贫模式，推动特色农业、生态养殖业、乡村旅游等特色产业发展，摒弃产业发展要"短、平、快"的思想观念，用"管长远"的眼光建设农村专业合作社，培育农业龙头企业，定期组织贫困群众开展种植、养殖等技术培训，扶持贫困户参与农村电子商务，同步通过经营收益、资金入股等方式壮大村级集体经济，带动更多群众实现就业、增收致富。

（二）可持续脱贫能力提升下的内源发展是必然选择

国务院印发的《"十三五"脱贫攻坚规划》中明确指出，要实施产业扶贫、电商扶贫、科技扶贫等工程①，各种扶贫举措均指向贫困人口的可持续脱贫能力建设。当前我国贫困人口的真实现状是一旦脱离帮扶，生计往往难以维持。为巩固脱贫成效，在消除现有绝对贫困基础上，更需注重脱贫效果的可持续性。外部帮扶资源相对稀缺，可持续性脱贫更从根本上取决于贫困人口的内生性发展能力。有学者认为，2020年后，我国的反贫困战略重点将从关注简单的生存贫困转向更加关注能力贫困和可持续发展能力的提升，从被动的结果扶持向主动的起点预防延伸②。能力的提升是个人、团体、组织、机构和社会通过增强他们的能力以发挥其核心作用、解决问题、制定和实现目标的过程，是在广泛的环境下以一种可持续的方式理解和处理自身发展需要的过程③。坚持以实现贫困地区和贫困人口内源发展为目标，提升贫困人口可持续脱贫能力，增强他们有效应对复杂多变的生存环境、生成自我发展的内生性能力，既是保证精准脱贫稳定性、长效性和可持续性的客观要求，也是从根本上解决贫困问题的必然选择。

（三）完善多层次、综合性的内源扶贫机制体系

中国开展扶贫实践探索以来，以贫困地区和贫困人口脱贫致富为目标，逐步建构了省域、县域、社区及个人不同层次的内源式扶贫机制体系。首先，在省域层面，以14个连片特困地区（县区）、片区内外经济联动方式，建立了推动贫困地区经济实现内源式发展的扶持政策机制；其

① 国务院：《"十三五"脱贫攻坚规划》，2016年12月2日，http：//www.gov.cn/zhengce/content/2016-12/02/content_ 5142197. htm。

② 雷明：《扶贫战略新定位与扶贫重点》，《改革》2016年第8期。

③ MERINO S S, CARMENADO I. Capacity building in development projects. Procedia-social and behavioral sciences, 2012（2）：960-967.

次，在县一级，针对扶贫开发工作重点县，围绕基础建设、发展生产，建立了中央和地方（省级）两级财政拨付的扶贫专项财政资金政策扶持机制；再者，在社区层面，形成了以社区主导和整村推进，鼓励贫困人口充分参与的内源式扶贫开发机制；最后，在个人层面，建立了通过职业技能培训、技术指导等多种方式对贫困人口进行能力建设的能力提升机制。

总体来看，我国内源式扶贫是一种多层次、综合性的扶贫方式。该机制体系既包含了宏观层面促进贫困地区发展的政策体系和机制，也包含了微观层面贫困人口个体自我可持续脱贫能力提升的政策和举措。其最大的特点在于既重视从外部扶持发力以推动贫困地区、贫困人口实现发展的基本建设和能力建设，又注重从贫困地区、贫困人口"内部"发力，强调目标群体对发展致富过程的参与和主导，以不断增强内生发展活力[①]。

整体来看，我国在内源扶贫实施后取得了较好的减贫效益，贫困人口可持续脱贫能力得到提升，内生发展动力得到增强。然而，在实施过程中也存在一些问题。这主要体现在以下三点：一是发展不平衡、不充分。绝大部分内源扶贫政策、措施实施之后得到了贫困地区和贫困人口的支持和推广，发展较快且取得了较好的减贫效益；而部分措施却未达到预期效果。如在参与式整村推进扶贫、干部驻村帮扶、"雨露计划"教育扶贫等内源扶贫机制取得了较好的减贫效益，得到了快速发展和完善，而农村金融信贷助农支农、社区扶贫、绿色扶贫等发展较为缓慢。二是不同地区之间的内源扶贫政策措施的减贫增收效益也存在较大差异。科技扶贫、教育扶贫和社会保障扶贫对西部地区贫困人口的减贫增收效应显著。而较西部而言，以上三项内源扶贫措施对东部地区贫困人口的直接减贫效益没有显著的促进作用。三是缺乏有效的奖惩管理机制，例如由于缺乏管理约束，贫困县扶贫资金存在"漏出"现象[②]，由于缺乏激励机制，一些贫困县迟迟不愿脱贫摘帽，等等。因此，要不断完善多层次、综合性的内源扶贫机

---

① 黄承伟、覃志敏：《我国内源式扶贫：理论基础与实施机制》，《中国农村研究》2015 年第 1 期。

② 赵曦等：《中国农村扶贫资金管理问题研究》，《农村经济》2009 年第 1 期。

制体系。

首先，从长远来看，增加贫困人口受教育的机会，就是增加其发展的机会，在省域、县域等不同层次的内源扶贫政策实施过程中，要继续加大教育扶贫力度，提高教育扶贫财政支出，提高补助标准，继续扩大"雨露计划"的覆盖面，包括覆盖更广泛的群体和更高层次的学历教育、职业教育。将产业扶贫、科技扶贫与"雨露计划"相结合，通过教育、职业培训带动创业、就业和产业发展。同时，要继续深化农村金融市场改革，加快农村金融信贷助农支农的发展。

其次，由于不同内源扶贫措施、项目在不同区域产生的减贫效益是有差别的，即说明各地区的内源扶贫侧重点、发力点应有不同。因此，在利用内源动力进行减贫脱贫时，应该注重区域的差别化，针对不同的贫困区域、贫困人口，要运用科学有效的扶贫措施对贫困人口进行精准扶贫。由于西部贫困地区往往经济发展相对比较落后，教育水平低，人力资本欠缺，交通、农业生产基础设施比较落后，因此，继续以加大农业生产基建、教育和科技支出作为助推中、西部实现内源发展的重要发力点。

最后，要完善财政扶贫资金管理机制。长期以来，我国的财政扶贫资金主要是通过政府自上而下进行拨付和管理。建议尽快建立差异化分配和竞争性使用财政专项扶贫资金管理机制。扶贫资金在分配上，向贫困程度深、扶贫任务重、扶贫成效显著的地区倾斜，扶贫资金在使用上，加大对扶贫工作突出的主体进行财政奖励，引导财政专项扶贫资金开展适度竞争性使用，探索扶贫对象（含扶贫对象通过与大户、合作社、龙头企业）通过竞争方式获取财政扶贫资金使用的方式与途径，充分激发扶贫对象脱贫致富的主体性和主动性①。对财政扶贫专项资金进行更加细化、分类、具体的使用。利用财政专项扶贫资金发展民族特色产业，如特色种植业、特色养殖业、民族手工业、乡村旅游业，等等；利用财政专项扶贫资金完善贫困地区的小型公益性生产生活设施，如小型水力发电站、垃圾回收焚

---

① 黄承伟、覃志敏：《我国内源式扶贫：理论基础与实施机制》，《中国农村研究》2015 年第 1 期。

烧处理站等，从而改善民族地区乡村生产生活条件；利用财政专项扶贫资金加大对贫困人口能力建设，如职业技术培训，现代农业、养殖业技术指导，等等，从而提升贫困人口的生计水平，为贫困地区经济增长提供长期的内源动力，增强贫困地区的"造血"能力。

参考文献

一、中文参考文献

1. [印] 阿玛蒂亚·森：《以自由看待发展》，中国人民大学出版社 2013 年版。

2. [德] 马克斯·韦伯：《新教伦理与资本主义精神》，四川人民出版社 1986 年版。

3. [美] 琼·W. 斯科特：《性别：历史分析中一个有效范畴》，李银河主编：《妇女：最漫长的革命——当代西方女性主义理论精选》，中国妇女出版社 2007 年版。

4. [美] 朱莉·费希尔：《NGO 与第三世界的政治发展》，邓国胜、赵秀梅译，社会科学文献出版社 2002 年版。

5. [英] 安东尼·吉登斯：《社会学（第四版）》，赵旭东等译，北京大学出版社 2003 年版。

6. [美] 约翰·弗里德曼：《再思贫困：赋权与公民权》，《国际社会科学杂志》（中文版）1997 年第 2 期。

7. 王延中、龙玉其等：《民族地区社会保障反贫困研究》，经济管理出版社 2016 年版。

8. 王晓毅、张倩、荀丽丽：《气候变化与社会适应：基于内蒙古草原牧区的研究》，社会科学文献出版社 2014 年版。

9. 李敏：《制度如何制造不平等：一个北方城市贫困女性社会排斥的制度分析》，中国社会科学出版社 2015 年版。

10. 师凤莲：《当代中国女性政治参与问题研究》，山东大学出版社2011年版。

11. 陈晖：《性别平等与妇女发展理论与实证》，中国民主法制出版社2018年版。

12. 蓝红星：《中国少数民族地区贫困问题研究》，经济科学出版社2013年版。

13. 费孝通：《乡土中国》，北京大学出版社2012年版。

14. 郑玉顺：《中国农村少数民族妇女权益保障法律制度研究》，民族出版社2008年版。

15. 黄雯：《西部农村女性人力资源开发研究》，经济科学出版社2011年版。

16. 李澜：《潜藏的力量：西部地区农村女性人力资源开发研究》，中国经济出版社2006年版。

17. 郭景福、张扬：《民族地区生态文明建设与特色产业发展理论与实务》，民族出版社2017年版。

18. 许继芳：《建设环境友好型社会中的政府环境责任研究》，上海三联书店2014年版。

19. 李妙然：《西部民族地区环境保护非政府组织研究——基于治理理论的视角》，中国社会科学出版社2011年版。

20. 张磊：《中国扶贫和生物多样性保护》，《生物多样性保护与扶贫研讨会论文集》，中国环境科学出版社2004年版。

21. 肖青：《西南少数民族地区村寨生态文明建设研究》，科学出版社2014年版。

22. 杨庭硕：《生态人类学导论》，民族出版社2006年版。

23. 罗康隆：《文化适应与文化制衡——基于人类文化生态的思考》，民族出版社2007年版。

24. 薛元达：《民族地区传统文化与生物多样性保护》，中国环境科学出版社2009年版。

25. 傅安辉:《侗族地区经济文化保护与旅游》,中国言实出版社2011年版。

26. 钟敬文:《民俗学概论》,上海文艺出版社2009年版。

27. 苑利、顾军:《非物质文化遗产保护前言话题》,文化艺术出版社2017年版。

28. 叶文、薛熙明:《生态文明:民族社区生态文化与生态旅游》,中国社会科学出版社2013年版。

29. 林曾、梅红:《扶贫对象主体性与组织化》,湖南人民出版社2018年版。

30. 向德平:《减贫目标与减贫手段》,湖南人民出版社2018年版。

31. 张琦等:《扶贫机制创新的理论与实践》,湖南人民出版社2018年版。

32. 黄高智:《内源发展——质量方面和战略因素》,中国对外翻译出版社1991年版。

33. 罗荣渠:《现代化新论》,北京大学出版社1993年版。

34. 柯倩婷:《中国妇女发展20年:性别公正视角下的政策研究》,社会科学文献出版社2015年版。

35. 任军:《民族地区工业化阶段消费率变化实证研究》,经济科学出版社2017年版。

36. 黄高智:《文化特性与发展:范围与意义》,教科文组织1984年版。

37. 李敦祥、王兴中、于世海:《民族地区经济追赶中优势叠加与冲突:机理、效应及应对机制》,经济管理出版社2017年版。

38. 郭佩霞、朱明熙:《西南民族地区脆弱性贫困研究》,西南财经大学出版社2017年版。

39. 孔子:《论语·季氏篇》。

40. 中共中央马恩列著作编译组:《马克思恩格斯选集》第2卷,人民出版社1972年版。

41. 周建平：《教师领导内涵、角色及其实施策略》，《中国教育学刊》2009 年第 7 期。

42. 仲计水：《新中国成立 70 年国际地位提升的历程、经验及展望》，《北京联合大学学报》（人文社会科学版）2019 年第 17 卷第 3 期总 65 期。

43. 陈继勇、盛杨怪：《外商直接投资的知识溢出与中国区域经济增长》，《经济研究》2008 年第 12 期。

44. 刘次林：《试析影响人的发展的内因和外因》，《上海教育科研》1997 年第 5 期。

45. 范从来、赵永清：《内源发展与外源发展：苏州模式和温州模式的比较》，《阅江学刊》2010 年第 6 期。

46. 新望：《苏州模式是当地老百姓的悲剧》，《财经文摘》2006 年第 4 期。

47. 冯兴元：《市场化——地方模式的演进道路》，《中国农村观察》2001 年第 1 期。

48. 戴绳祖：《在人的发展中什么起决定作用?》，《九江师专学报》（哲学社会科学版）1989 年第 4 期。

49. 曾茂林：《关于建国以来影响人发展因素研究的述评》，《江苏教育研究》2009 年第 8 期。

50. 朱懿、韩勇：《中国地方政府社会治理绩效实证研究——基于民族和区域比较视角的第三方评估》，《华南师范大学学报》（社会科学版）2017 年第 6 期。

51. 廖业扬、李丽萍：《乡村治理观偏差及其矫正论略》，《山西农业大学学报》（社会科学版）2015 年第 14 期。

52. 王泽平：《社会主义核心价值观视角下精准扶贫的逻辑内涵探讨》，《赤峰学院学报》（汉文哲学社会科学版）2018 年第 39 期。

53. 徐芳：《传统与现代：异质还是中和——多元视野下我国地方政府治理理念的选择》，《华北水利水电学院学报》（社会科学版）2013 年第 29 期。

54. 周晓丽：《基于民族地区特殊性下的社会治理理念及路径》，《南京社会科学》2014 年第 11 期。

55. 许汉泽、李小云：《"精准扶贫"的地方实践困境及乡土逻辑——以云南玉村实地调查为讨论中心》，《河北学刊》2016 年第 36 期。

56. 高明：《乡村贫困退出治理异化及其原因探析——以黔西南 B 村为例》，《理论导刊》2019 年第 9 期。

57. 夏力、周玲：《制度分析视阈下中央与地方政府治理关系研究》，《中南民族大学学报》（人文社会科学版）2016 年第 36 期。

58. 张帆：《我国民族地区农村反贫困存在的问题研究》，《湖北民族学院学报》（哲学社会科学版）2011 年第 29 期。

59. 冯斌：《基层政府"选择性治理"行为逻辑的政治经济分析》，《法制与社会》2010 年第 17 期。

60. 朱天义、高莉娟：《选择性治理：精准扶贫中乡镇政权行动逻辑的组织分析》，《西南民族大学学报》（人文社科版）2017 年第 38 期。

61. 周梦冉：《参与式干预下扶贫"内卷化"问题研究》，《农村经济与科技》2018 年第 29 期。

62. 李耀锋：《需求、资源与能力：旅游开发致贫效应的机理分析——基于赣琼两个旅游村的实地调研》，《学术论坛》2015 年第 38 期。

63. 罗盛锋、黄燕玲：《滇桂黔石漠化生态旅游景区扶贫绩效评价》，《社会科学家》2015 年第 9 期。

64. 雷明：《从多元治理走向全元治理——兼论反贫困命运共同体构建》，《石河子大学学报》（哲学社会科学版）2019 年第 33 期。

65. 陈会方、朱平华：《西部民族地区农村贫困特征与治理转型》，《学术论坛》2016 年第 39 期。

66. 靳继东、潘洪阳：《贫困与赋权：基于公民身份的贫困治理制度机理探析》，《吉林大学社会科学学报》2012 年第 52 期。

67. 袁赛：《农村弱势群体贫困情况的现状和思考》，《农村经济与科技》2017 年第 28 期。

68. 范逢春：《地方政府社会治理：正式制度与非正式制度》，《甘肃社会科学》2015 年第 3 期。

69. 许汉泽：《贫困治理转型与"治理型贫困"的兴起——以滇南南县调查为讨论中心》，《中国延安干部学院学报》2016 年第 9 期。

70. 柳颖：《民族地区农村反贫困中的政府责任建设》，《行政管理改革》2017 年第 9 期。

71. 胡振光、向德平：《精准扶贫的政策建构及演化逻辑》，《西南民族大学学报》（人文社科版）2018 年第 39 期。

72. 唐勇、崔耀升：《新疆能源经济发展现状、问题及对策研究》，《"一带一路"倡议与民族地区发展》2018 年版。

73. 廖业扬、李丽萍：《乡村治理观偏差及其矫正论略》，《山西农业大学学报》（社会科学版）2015 年第 14 期。

74. 李耀锋：《需求、资源与能力：旅游开发致贫效应的机理分析——基于赣琼两个旅游村的实地调研》，《学术论坛》2015 年第 38 期。

75. 刘风、向德平：《贫困治理中政府与社会组织关系的变迁及走向》，《中国农业大学学报》（社会科学版）2017 年第 34 期。

76. 周丹丹：《少数民族乡村治理中的传统社会组织研究——以侗族寨老组织为例》，《江淮论坛》2016 年第 6 期。

77. 张志泽、高永久：《传统民族社区治理现代化视阈下的社会组织发展》，《贵州民族研究》2016 年第 37 期。

78. 龚晨：《脱贫攻坚中多元主体协同治理的必然与机制构建》，《云南社会主义学院学报》2017 年第 2 期。

79. 吴楠：《"价值观脱贫"应成为"精准扶贫"的长期追求——来自湖南省部分地区的调查与思考》，《湖南行政学院学报》2018 年第 5 期。

80. 刘风、向德平：《贫困治理中政府与社会组织关系的变迁及走向》，《中国农业大学学报》（社会科学版）2017 年第 34 期。

81. 张志泽、高永久：《传统民族社区治理现代化视阈下的社会组织发展》，《贵州民族研究》2016 年第 37 期。

82. 李钊、卓仑·木塔力甫、王敏、谭刚：《内源性扶贫视角下民族贫困地区脱贫路径研究——以加哈乌拉斯台乡库克拜村为例》，《山西农业科学》2019 年第 47 期。

83. 程惠英：《少数民族地区打赢脱贫攻坚战的着力点》，《边疆经济与文化》2017 年第 10 期。

84. 王黔京、沙勇、陈芳：《民族地区农村家庭健康现状调查与健康精准扶贫策略研究——基于云南省的抽样数据》，《贵州民族研究》2017 年第 38 期。

85. 左停、徐小言：《农村"贫困——疾病"恶性循环与精准扶贫中链式健康保障体系建设》，《西南民族大学学报》（人文社科版）2017 年第 38 期。

86. 王鹏：《民族地区民生问题研究：民生公共服务视角微观经验分析》，《中国少数民族地区经济发展报告（2016）》，2016 年版。

87. 周少钦等：《广西医疗服务空间可及性及均衡性研究》，《中国卫生经济》2018 年第 37 期。

88. 周如南：《民族地区的艾滋病传播与防控——以凉山彝族地区艾滋病与地方社会文化调查为例》，《南京医科大学学报》（社会科学版）2012 年第 12 期。

89. 李俊杰、陈浩浩：《民族地区扶贫开发的制约因素与基本思路》，《中南民族大学学报》（人文社会科学版）2015 年第 35 期。

90. 高健伟等：《地方性砷中毒地区环境砷暴露健康风险研究进展》，《生态毒理学报》2013 年第 8 期。

91. 孟庆国、胡鞍钢：《消除健康贫困应成为农村卫生改革与发展的优先战略》，《中国卫生资源》2000 年第 6 期。

92. 王滨等：《西部农牧民族地区居民疾病直接经济负担及其影响因素分析》，《中国卫生经济》2015 年第 34 期。

93. 于跃等：《西藏农牧区贫困居民健康行为因素分析》，《当代医学》2018 年第 24 期。

94. 高翔、王三秀：《民族地区农村居民多维贫困的测度与致因——兼与非民族地区对比》，《广西民族研究》2018 年第 2 期。

95. 曾晨晨：《农村居民健康对我国农村人口相对贫困的影响——以我国中西部地区为例》，《农村经济》2010 年第 9 期。

96. 张仲芳：《精准扶贫政策背景下医疗保障反贫困研究》，《探索》2017 年第 2 期。

97. 汪辉平、王增涛、马鹏程：《农村地区因病致贫情况分析与思考——基于西部 9 省市 1214 个因病致贫户的调查数据》，《经济学家》2016 年第 10 期。

98. 梁鸿：《用"三精准""四联动"破解"因病致贫"》，《中国社会保障》2018 年第 6 期。

99. 蔡进华、王富珍、高胜利：《基于疾病预防视角对医疗扶贫的思考》，《中国健康教育》2017 年第 33 期。

100. 周坚、周志凯、何敏：《基本医疗保险减轻了农村老年人口贫困吗——从新农合到城乡居民医保》，《社会保障研究》2019 年第 3 期。

101. 余晓慧、陈玉柱：《浅析西南少数民族地区的经济文化类型》，《和田师范专科学校学报》（汉文综合版）2008 年第 28 期。

102. 吴海涛、陈玉萍、张永敏：《杂交玉米技术采用对山区农户生计的影响分析——来自滇西南的实证》，《中国农业科学》2013 年第 46 期。

103. 王磊：《贫困农户生计风险管理策略研究——基于可持续生计分析框架》，《贵阳学院学报》（社会科学版）2017 年第 12 期。

104. 毛舒欣、沈园、邓红兵：《西南地区少数民族传统生计变迁与农户生计安全》，《生态报》2018 年第 38 期。

105. 郑宇：《中国少数民族村寨经济的结构转型与社会约束》，《民族研究》2011 年第 5 期。

106. 郑宇：《中国少数民族生计方式转型与资源配置变迁》，《北方民族大学学报》（哲学社会科学版）2015 年第 1 期。

107. 赵曼、张广科：《失地农民可持续生计及其制度需求》，《财政研究》2009 年第 8 期。

108. 秦龙金：《精准扶贫与铸牢中华民族共同体意识之关系分析》，《现代商贸工业》2019 年第 40 期。

109. 王振振、王立剑：《精准扶贫可以提升农村贫困户可持续生计吗？——基于陕西省 70 个县（区）的调查》，《农业经济问题》2019 年第 4 期。

110. 尹莎等：《干旱环境胁迫下农户适应性研究——基于民勤绿洲地区农户调查数据》，《地理科学进展》2016 年第 35 期。

111. 陈伟娜等：《气候变化压力下锡林郭勒草原牧民生计与可持续能力》，《资源科学》2013 年第 35 期。

112. 张栋浩、尹志超：《金融普惠、风险应对与农村家庭贫困脆弱性》，《中国农村经济》2018 年第 4 期。

113. 赵雪雁、赵海莉、刘春芳：《石羊河下游农户的生计风险及应对策略——以民勤绿洲区为例》，《地理研究》2015 年第 34 期。

114. 马小勇：《中国农户的风险规避行为分析：以陕西为例》，《中国软科学》2006 年第 2 期。

115. 李海鹏、梅傲寒：《民族地区贫困问题的特殊性与特殊类型贫困研究》，《中南民族大学学报》（人文社会科学版）2016 年第 36 期。

116. 阎建忠、吴莹莹、张镱锂：《青藏高原东部样带农牧民生计的多样化》，《地理学报》2009 年第 64 期。

117. 黎洁、李亚莉、邰秀军：《可持续生计分析框架下西部贫困退耕山区农户生计状况分析》，《中国农村观察》2009 年第 5 期。

118. 张春丽、佟连军、刘继斌.：《湿地退耕还湿与替代生计选择的农民响应研究：以三江自然保护区为例》，《自然资源学报》2008 年第 23 期。

119. 黄季焜：《对农民收入增长问题的一些思考》，《经济理论与经济管理》2000 年第 1 期。

120. 蔡昉、王德文：《经济增长成分变化与农民收入源泉》，《管理世界》2005 年第 5 期。

121. 赵锋：《可持续生计与生计动态能力分析：一个新的理论研究框架》，《经济研究参考》2015 年第 27 期。

122. 王政：《"女性意识""社会性别意识"辨异》，《妇女研究论丛》1997 年第 1 期。

123. 赵群：《将社会性别平等观念纳入农村反贫困政策与实践的主流》，《妇女研究论丛》2005 年第 12 期。

124. 霍萱、林闽钢：《为什么贫困有一张女性的面孔——国际视野下的"贫困女性化"及其政策》，《社会保障研究》2015 年第 4 期。

125. 蓝李焰：《女性就业的边缘化——中国目前的职业性别隔离状况及其原因》，《中共福建省委党校学报》2004 年第 9 期。

126. 赵捷：《社会性别与发展：研究者的足迹与反思》，《山西师大学报》2004 年第 4 期。

127. 焦若水：《民族妇女贫困：制度与文化的双重解释》，《青海民族研究》2006 年第 4 期。

128. 叶普万：《制度变迁中的利益冲突及解决途径》，《经济体制改革》2004 年第 4 期。

129. 单彦彦：《关于妇女家庭地位现状的分析与思考——以山东省为例》，《泰安师专学报》2002 年第 5 期。

130. 左际平：《从多元视角分析中国城市的夫妻不平等》，《妇女研究论丛》2002 年第 1 期。

131. 张瑞强、陶佩君、薛庆林等：《从中国农民素质和农民需求现状看农村家政推广的必要性》，《河北农业大学学报》（农林教育版）2010 年第 1 期。

132. 吴浜源：《中国农村女性劳动力非农转移：文献综述》，《江西农业大学学报》（社会科学版）2013 年第 4 期。

133. 周春芳、苏群：《非农化进程中农村女性人力资本投资与非农就业——基于性别差异的视角》，《农业技术经济》2008 年第 5 期。

134. 刘国斌、汤日鹏：《吉林省发展县域经济 推进城镇化进程的思考》，《人口学刊》2011年第1期。

135. 王永洁：《劳动力市场性别差异与女性赋权——基于2016年中国城市劳动力调查数据的分析》，《人口与经济》2019年第1期。

136. 丁赛：《民族地区城镇劳动力市场中的性别就业与工资差异——以宁夏回族自治区为例》，《民族研究》2012年第3期。

137. 李春亭：《更好推进健康扶贫，助力民族地区脱贫攻坚》，《中国民族报》2017年第6期。

138. 韩欲立：《传统社会发展动力观的解释性难题及其当代解读》，《兰州学刊》2005年第5期。

139. 闫丽娟、孔庆龙：《政府扶持、社会助力与农民行动——人口较少民族乡村发展的内源动力新探》，《西南民族大学学报》（人文社会科学版）2016年第7期。

140. 霍艳丽、刘彤：《生态经济建设：我国实现绿色发展的路径选择》，《企业经济》2011年第10期。

141. 王延中、宁亚芳：《新时代民族地区决胜全面小康社会的进展、问题及对策——基于2013—2016年民族地区经济社会发展问卷调查的分析》，《管理世界》2018年第1期。

142. 荀利波、李关平：《少数民族对生态环境的文化适应策略——基于云南傣族、彝族、纳西族居住习俗的典型分析》，《齐齐哈尔大学学报》（哲学社会科学版）2016年第2期。

143. 蔡守秋：《论政府环境责任的缺陷与健全》，《河北法学》2008年第3期。

144. 陈景森：《西部民族地区政府生态责任追究机制创新研究》，《对外经贸》2017年第9期。

145. 高元庆：《政府道德责任的内涵、特征及价值取向》，《四川行政学院学报》2004年第3期。

146. 王欣龙：《生态文明建设中的政府道德责任研究》，南京大学，硕士学位论文，2015 年。

147. 安云凤：《非政府组织及其伦理功能》，《中国人民大学学报》2006 年第 5 期。

148. 李茂平：《民间组织的道德整合功能研究》，博士学位论文，华中师范大学，2008 年。

149. 石蓉蓉：《我国人口较少少数民族文化传承调查研究——以甘肃积石山县保安族为例》，《兰州文理学院学报》（社会科学版）2019 年第 3 期。

150. 周鸿、吕汇惠：《乡村旅游地生态文化传统与生态环境建设的互动效应——以云南石林县彝族阿着底村为例》，《生态学杂志》2006 年第 9 期。

151. 赵强社：《扶贫模式演进与新时期扶贫对策分析》，《西部学刊》2013 年第 2 期。

152. 黄承伟、覃志敏：《我国内源式扶贫：理论基础与实施机制》，《中国农村研究》2015 年第 1 期。

153. 韩庆祥：《"以人为本"的科学内涵及其理性实践》，《河北学刊》2004 年第 3 期。

154. 王秀峰、朱满德、刘超：《"四在农家"引导内源发展 铸就社会主义新型农民——以贵州省余庆县为例》，《山地农业生物学报》2007 年第 6 期。

155. 向运华、刘欢：《内生贫困意识对自主脱贫行为的影响——家庭资产组合下的交互效应与调节效应检验》，《吉林大学社会科学学报》2018 年第 58 期。

156. 檀学文、李静：《习近平精准扶贫思想的实践深化研究》，《中国农村经济》2017 年第 9 期。

157. 秦其文：《农民落后思想观念致其家庭贫困的路径分析》，《湖南农业大学学报》（社会科学版）2007 年第 5 期。

158. 王一：《后 2020 "参与式"反贫困路径探索》，《社会科学战线》

2019 年第 5 期。

159. 郭劲光、俎邵静：《参与式模式下贫困农民内生发展能力培育研究》，《华侨大学学报》（哲学社会科学版）2018 年第 4 期。

160. 王湘琳：《农民发展能力：农村发展的内源动力》，《广西大学学报》（哲学社会科学版）2010 年第 32 期。

161. 马丽佳、李茜：《基于内源式发展理念的产业兴旺策略研究——以山西省宁武县为例》，《中国经贸导刊（中）》2019 年第 4 期。

162. 万君、张琦：《"内外融合"：精准扶贫机制的发展转型与完善路径》，《南京农业大学学报》（社会科学版）2017 年第 17 期。

163. 覃志敏：《连片特困地区农村贫困治理转型：内源性扶贫——以滇西北波多罗村为例》，《中国农业大学学报》（社会科学版）2015 年第 32 期。

164. 寇铁军、毕蕊：《财政专项扶贫资金减贫绩效的约束与提升》，《东北财经大学学报》2017 年第 6 期。

165. 张跃平、周基农：《激励制度安排：民族地区扶贫取得成效的关键》，《中南民族学院学报》（人文社会科学版）2002 年第 5 期。

166. 张琦：《减贫战略方向与新型扶贫治理体系建构》，《改革》2016 年第 8 期。

167. 雷明：《扶贫战略新定位与扶贫重点》，《改革》2016 年第 8 期。

168. 赵曦、熊理然、肖丹：《中国农村扶贫资金管理问题研究》，《农村经济》2009 年第 1 期。

二、外文参考文献

1. Nerfin, M. *Another Development：Approaches and Strategies*. Uppsala：Dag Hammarskjold Foundation，1977.

2. Chambers, R. and Conway, G. R. 1992. "Sustainable Rural Livelihoods：Practical Concepts for the 21st Century." DS Discussion Paper, No. 296.

3. Frankenberger T. Drinkwater, M. Maxwell. *Operationalising Household*

Livelihood Security: *A Holistic Approach for Addressing Poverty and Vulnerability*, CARE, 2000.

4. DFID, UK. *Sustainable Livelihoods Guidance Sheets*. London: UK DFID Department for International Development, 2007.

5. Scoones. 1998. "Sustainable Rural Livelihoods: A Framework for Analysis." IDS Working Paper 72.

6. Stark, O. , "The Migration of Labor", *Cambridge Massachusetts/Oxford England Basil Blackwell*, 26 (4), 1991.

7. Evans, Ngnau, "Rural-urban Relations, Household Income Diversification and Agricultural Productivity", *Development and Change*, 22 (3), 1991.

8. Carter, M. r. , "Environment, Technology , and the Social Articulation of Risk in West African Agriculture", *Economic Development and Cultural Change*, 45 (3), 1997.

9. Scoones. 1998. "Sustainable Rural Livelihoods: A Framework for Analysis." IDS Working Paper 72.

10. Perz. S. G. , "The Effects of Household Asset Endowments on Agricultural Diversity among Frontier Colonists in the Amazon ", *Agro Forestry Systems*, 63 (3), 2005.

11. Chamber, R., Conway, G. R. *Sustainable rural livelihoods*: *Practical concepts for the 21st century IDS Discussion Paper* 296. *Brighton*, England: Institute of Development Studies, 1992.

12. Dercon, Stefan. *Assessing Vulnerability to poverty. Je-sus College and CSAE*, *Department of economics*, *OxfordUniversity*, 2001: 126.

13. Tsegaye D, Vedeld P, Moe S R. *Pastoralists and livelihoods*: *A case study from northern Afar*, *Ethiopia*. Journal of Arid Environments, 2013, (91): 138-146.

14. MORDUCH J . *Poverty and vulnerability*. American Economic Review, 1994, 84 (2): 221-225.

15. Sitkin S, Pablo A. *Reconceptualizing the determinants of risk behavior.* Academy of Management Review, 1992, 17 (1) : 9-38.

16. Li Xing jiang. *Participation Mode of Poverty Alleviation. Operating Mechanism and Performance Evaluation.* Research and Development. 2008 (2).

17. MERINO S S, CARMENADO I. Capacity building in development projects. *Procedia-social and behavioral sciences*, 2012 (2) : 960-967.